THE CHANGING
GLOBAL SCIENCE SYSTEM

变革中的
全球科学体系

学术流动与知识生产
ACADEMIC MOBILITY AND KNOWLEDGE PRODUCTION

陈丽媛 ◎ 著

华东师范大学出版社
·上海·

图书在版编目（CIP）数据

变革中的全球科学体系：学术流动与知识生产/陈丽媛著.—上海：华东师范大学出版社，2023
 ISBN 978-7-5760-4294-8

Ⅰ.①变… Ⅱ.①陈… Ⅲ.①知识生产—研究 Ⅳ.①F062.3

中国国家版本馆 CIP 数据核字（2023）第 231051 号

变革中的全球科学体系：学术流动与知识生产

著　　者	陈丽媛
责任编辑	孙　娟
特约审读	陈雅慧
责任校对	李琳琳
装帧设计	郝　钰

出版发行	华东师范大学出版社
社　　址	上海市中山北路 3663 号　邮编 200062
网　　址	www.ecnupress.com.cn
电　　话	021-60821666　行政传真 021-62572105
客服电话	021-62865537　门市（邮购）电话 021-62869887
地　　址	上海市中山北路 3663 号华东师范大学校内先锋路口
网　　店	http://hdsdcbs.tmall.com

印 刷 者	上海商务联西印刷有限公司
开　　本	787 毫米×1092 毫米　1/16
印　　张	14.75
字　　数	217 千字
版　　次	2024 年 3 月第 1 版
印　　次	2024 年 3 月第 1 次
书　　号	ISBN 978-7-5760-4294-8
定　　价	48.00 元

出版人　王　焰

（如发现本版图书有印订质量问题，请寄回本社客服中心调换或电话 021-62865537 联系）

本书系国家社会科学基金"十三五"规划(教育学)国家青年课题"建设世界一流大学背景下学术人才国际流动对科研产出的影响研究"(CIA160223)的研究成果之一

前言

随着世界交通运输与互联网通信技术的快速发展,遍布世界各地的科学家、大学、研究机构、资助机构、出版机构和学术组织被一张无形的网联系起来,形成了全球科学体系。全球的人才与知识在这一网络体系中有序流动,不断寻找新的信息资源与合作机会。在这一背景下,本书第一章以加拿大、英国、澳大利亚、新加坡为发达国家代表,以巴西、南非、韩国与中国为新兴经济体国家代表,对发达国家与新兴经济体国家的国际学术流动政策进行国际比较分析。第二章通过定量分析考察不同类别、不同地域、不同学科的国际学术流动对知识生产的影响。研究发现,虽然不同学科的国际学术流动对国际发表的影响不尽相同,但总体而言,相较于未发生流动,海外留学对国际发表数量、质量、贡献、合作均存在积极影响,双重流动次之,海外访学的影响相对有限。与此同时,不论留学还是访学,到北美地区流动对国际发表影响比到亚太、欧洲地区流动的影响更大。基于上述发现,第三章与第四章分别对海外留学与访学这两种最主要的国际流动方式进行深入考察。其中,第三章通过中介效应分析,考察国际合作在海外留学与知识生产之间的作用机制,并进一步探究海归学者科研合作的生成、维系与拓展路径和过程。第四章通过半结构化访谈,分析访问学者在访期间的学术参与及身份建构,揭示海外访学对知识生产影响相对有限的深层原因。第五章在上述章节已有分析基础上，通过加入流动类别、流动地域与流动世代的交互项，进一步分析国际流动对知识生产影响的时空变化。研究发现，随着时间推移，国际流动，尤其是海外留学对国际发表的影响呈现减弱态势，到北美地区流动对国际发表的影响逐渐变小，我国呈现出从全球科学体系的边缘、半边缘向中心靠近的趋势。这意味着核心—外围的层级结构对我国学者知识生产的影响呈现减弱态势，全球科学体系中的能动属性愈加显现。最后，聚焦"双一流"建设，进一步探讨中国改变全球科学体系的核心—外围结构的可能性，以及这种改变对中国建设世界一流大学的重要意义和深远影响。

目 录

绪 论 /001

第一章
学术人才流动政策的国际比较 /009

第一节　学术人才国际流动政策研究 /010

第二节　发达国家的学术人才国际流动政策 /013

第三节　新兴经济体国家的学术人才国际流动政策 /030

第四节　学术流动政策的国际比较分析 /050

第五节　小结与建议 /056

第二章
国际学术流动类型与地域对知识生产的影响 /059

第一节　国际学术流动与知识生产 /060

第二节　研究问题与研究设计 /067

第三节　流动类型对知识生产的影响 /073

第四节　流动地域对知识生产的影响 /080

第五节　国际学术流动对知识生产的影响机制分析 /087

第六节　小结与建议 /091

第三章
海外留学对知识生产的影响机制：科研合作的中介效应 /095

第一节　海外留学、科研合作与知识生产 /096
第二节　研究问题与研究设计 /100
第三节　科研合作的中介效应分析 /106
第四节　科研合作的生成、维系与拓展 /115
第五节　小结与建议 /124

第四章
海外访学对知识生产的影响机制：访问学者的学术参与及身份建构 /129

第一节　实践共同体视角下的海外访学 /130
第二节　研究问题与研究设计 /139
第三节　学术参与的可能与边界 /142
第四节　学术身份的建构与转换 /155
第五节　小结与建议 /167

第五章
国际学术流动与知识生产的时空变革："双一流"建设的挑战与机遇 /171

第一节　全球科学体系中的分层机制与能动机制 /172
第二节　研究假设与研究设计 /180
第三节　时间维度下国际学术流动对知识生产的影响变化 /185
第四节　空间维度下国际学术流动对知识生产的影响变化 /197
第五节　"双一流"建设面临的机遇与挑战 /204

结语 /219

后记 /223

◆ 绪 论

在全球科学体系中,人才与知识的广泛流动是跨越国界形成全球科学共同体的关键环节,对全球科学文化的交流融合具有重要意义。在过去的二三十年间,许多国家的研究和创新能力大大提高,人才与知识的全球流动日益活跃,这持续改变着科学研究活动的地理分布和强度。人作为知识载体,一旦流动到另一个国家,知识就会溢出到地理上邻近的个体和组织,从而出现知识生产与创新活动在地理空间上的聚集。这种聚集为全球科学体系的不断发展与重塑提供了可能。

理 论 逻 辑

从知识本身的发展来看,国际学术流动的重要性源于其对知识传播和创造的贡献。人才流动作为通过跨境商品和资本流动传递知识的重要补充,不仅有助于成文知识(codified knowledge),即正式知识(formal knowledge)的传播,更是隐性知识(tacit knowledge)传播的重要手段[1]。从广义上讲,隐性知识包括所有不能通过著作、论文、讲座、会议或其他信息渠道进行编纂和传播的知识。这种知识只有在具有共同社会背景和物理接近的个体之间才能进行更为有效地转移。两种知识对创新都至关重要。不过,人们习惯认为,成文知识的创造和传播在现代创新中越来越重要[2]。研发活动的持续增多,科学出版物和专利的快速增加证明了这

---

[1] Organisation for Economic Co-operation and Development. The global competition for talent: Mobility of the highly skilled[R]. Paris: OECD Publishing, 2008.
[2] Robin C, Dominique F. The economics of codification and the diffusion of knowledge[J]. Industrial & Corporate Change, 1997(3): 595 - 622.

一点。① 隐性知识是成文知识的重要补充,人们在感知上或智力上意识到某些东西有助于其理解和使用信息,但却不易将这种意识传达给他人。在解释为什么某些知识不能被编纂成书时,格特勒(Meric S. Gertler)指出:"成功地表演一项技能所需要的知识的隐性成分是那些不符合成文或发音规律的知识——或者因为表演者自己并没有完全意识到成功的所有'秘密',又或者因为语言的密码没有得到充分开发,难以清晰解释。"②

学术人才的全球流动对知识传播至关重要。一方面,学术人才流动通常是向生产和输出成文知识的地方流动,如全日制学生进入海外教育机构,毕业生和教师进入世界顶尖大学或实验室。教育的长期扩张和学术职业的增多实际上是由知识的成文化不断增强所驱动的③。另一方面,隐性知识很难通过长距离交换④,只有当人们通过流动聚集到一个共同的社会空间环境,基于共同的价值观、语言和文化来促进理解和建立信任时,隐性知识才能实现有效共享。

学术人才的全球流动对知识创新至关重要。隐性知识往往通过提供信息与创造新事物所需的时间、空间、文化和社会背景理解相结合,产生促进科学技术进步的火花。正如朱克(Lynne G. Zucker)等人所言,仅仅是重组 DNA 技术的知识并不足以让科学家充分受益于这一生物技术的革新,"只有当科学家通过他的天才和远见将知识内化,继而不断创新和重新定义研究前沿,并将新

---

① Abramovitz M, David P. Technological change and the rise of intangible investments: The US economy's growth-path in the twentieth century, in OECD (Eds.) Employment and Growth in the Knowledge-Based Economy. Paris: OECD, 1996: 34 - 65.
② Gertler M S. Tacit knowledge and the economic geography of context, or the undefinable tacitness of being (there)[J]. Journal of Economic Geography, 2003, 3(1): 75 - 99.
③ Abramovitz M, David P. Technological change and the rise of intangible investments: The US economy's growth-path in the twentieth century, in OECD (Eds.) Employment and Growth in the Knowledge-Based Economy. Paris: OECD, 1996: 34 - 65.
④ Gertler M S. Tacit knowledge and the economic geography of context, or the undefinable tacitness of being (there)[J]. Journal of Economic Geography, 2003, 3(1): 75 - 99.

的研究技术应用到最有前途的领域时,知识才变得更富有成效"[1]。在科学世界,这种尤里卡时刻的到来与更广阔范围内的知识交流和灵感碰撞密不可分。

　　从知识生产者个体的发展来看,国际流动性也是获得科学研究领域的职业发展所需资格认证的一种手段[2]。与工程师和技术人员似乎被薪金和劳动力市场条件所吸引不同,研究人员和科学家发生国际流动的动机主要源于对更为理想的工作性质和研究环境,尤其是对声望的追求[3]。研究人员通过流动以跟上最新的技术动态,获得关于研究原创性、前沿性等方面的有效反馈,同时也能产生新的灵感[4]。在这种情况下,与该领域引领者合作的机会也是流动的重要驱动力。在另一种情况下,人才的流动也可能与换取更高的薪酬、更好的职业发展、更先进的研究设备等因素相关联。譬如,在知名机构工作的机会、进入相关领域的社会网络、更大的自主权、更透明的招聘和奖励体系,以及辩论自由都可能成为学术人才流动的强大驱动力。

实 践 逻 辑

　　全球流动对国家科技战略发展意义重大。人才流动带来的知识创造与传播,可能通过知识溢出发生。这种知识的"外部性"是政府采取行动促进人才流动的动因之一。纵观近四十年来,中国各级政府及大学出台了一系列支持海外留学、留学归国和海外访学的政策举措。1986 年国务院转发了《国家教育委员会关于出

---

[1] Zucker L G, Darby M R, Brewer M B. Intellectual human capital and the birth of U. S. biotechnology enterprises[J]. American Economic Review, 1998, 88(1): 290 - 306.
[2] Ackers L. Moving people and knowledge: Scientific mobility in the European Union[J]. International Migration, 2005, 43(5): 99 - 131.
[3] Mahroum S. Europe and the immigration of highly skilled labour[J]. International Migration, 2001, 39(5): 27 - 43.
[4] Nerdrum L, Sarpebakken B. Mobility of foreign researchers in Norway[J]. Science and Public Policy, 2006, 33(3): 217 - 229.

国留学人员工作的若干暂行规定》。这是我国第一个公开发表的关于出国留学教育政策的法规性文件[①]。2002年教育部制定了"扩大规模、提高层次、保证重点、增强效率"的国家公派留学思路。随后,政府与大学也出台了一系列助力人才回流的政策,例如2007年人事部会同教育、科技、财政等16个部门印发了《关于建立海外高层次留学人才回国工作绿色通道的意见》。随着留学人数不断增加,在"广开渠道,力争多派"的目标达到后,国家确定了新的方针,将国家公派留学人员由以研究生为主转向着重派出进修人员、访问学者[②]。1996年教育部成立国家留学基金委员会,积极推动"国家公派高级研究学者、访问学者、博士后项目计划""高校合作项目(青年骨干教师出国研修项目)计划""地方和行业部门合作项目计划"等一系列政策,为高级研究学者、访问学者等出访提供经费支持与制度保障。进入21世纪后,各级政府和高校也纷纷加大了对教师海外访学的经费支持力度。

2015年,国家颁布《统筹推进世界一流大学和一流学科建设总体方案》,明确将"推进国际交流合作,加强与世界一流大学和学术机构的实质性合作,加强国际协同创新,切实提高我国高等教育的国际竞争力和话语权"作为五项改革任务之一。"双一流"建设不仅依靠海外留学人才的引进,也有赖本土教师国际学术对话能力的整体提升;不仅依靠研究成果的数量增加,更有赖于学者对世界性科学问题研究的深度参与、广泛合作与产生的影响力。基于Scopus数据库,2000—2018年中国在全球文献库中的科学论文发表数量增长9.96倍,占比从5%上升至20.7%。2015年中国发表论文的平均被引用率达到Scopus数据库中论文的世界平均水平[③]。过去二三十年,中国在国际科学发表中的出色表现与日益频繁的学术国际流动存在深刻关联,而这种关联又处于持续的发展变化

---

① 陈学飞.改革开放以来大陆公派留学教育政策的演变及成效[J].复旦教育论坛,2004,(03):12-16.
② 陈学飞.改革开放以来大陆公派留学教育政策的演变及成效[J].复旦教育论坛,2004,(03):12-16.
③ [英]西蒙·马金森.生生不息的火焰:全球科学中的中国[J].杨力苈,译.北京大学教育评论,2020,18(04):6-37,189.

之中。在此背景下，深入探讨哪些国际流动、如何流动，尤其是为什么流动，具有重要意义。

研 究 逻 辑

重新审视全球科学体系。得益于互联网的快速发展、科学知识的开放获取以及科学研究的探究文化，全球科学体系在促进知识的全球传播和世界各地研究人员之间的合作方面发挥着至关重要的作用。西蒙·马金森（Simon Marginson）认为全球科学体系是由一个以自然科学为基础的共同知识池、生产和交流知识的科学家，科学家之间的关联结构及其研究实践和规范四个要素组成。[①] 随着全球知识与人才流动的增加，科学体系向一个更加开放多元的世界发展的可能性也随之增加。本书将全球科学体系视为在全球范围内进行科学研究和相互合作的个人、组织和机构的网络，如大学、研究机构、资助机构、科学期刊和国际科学组织等。它以跨越国家和学科界限自由交流思想、数据和科学发现为特点，以推进人类知识进步、促进科学理解和解决全球性问题为目标，将科学家、机构、期刊、资助机构和公司联系起来，在每个国家不同背景的复杂社会、文化和经济因素中运行。

重新审视国际学术流动。经济合作与发展组织（OECD）曾根据不同的流动目的将人才国际流动（talent international mobility）归纳为四类：满足紧缺专业人才需求，促进青年学者流动，引进外籍专家学者，以及留住留学生[②]。本书聚焦第二类，即促进青年学者流动，包括到国外攻读博士学位或进行博士后研究，抑或到其他国家访问学习。国际学术流动通常涉及两个及以上的国家，既有流动时间

[①] Marginson S. Global science and national comparisons: Beyond bibliometrics and scientometrics [J]. Comparative Education, 2022, 58(2): 125-146.
[②] Organisation for Economic Co-operation and Development. The global competition for talent: Mobility of the highly skilled[R]. Paris: OECD Publishing, 2008.

长短和流动次数的区别,也存在流动主体的国别、学科、教育程度和工作机构等方面的差异①②。也有学者将国际学术流动(international academic mobility)定义为高等教育背景下人员和有机体(包括学生,尤其是研究生、研究人员、学者以及学术共同体)的跨国流动,以及物质(如基础设施、资源、设备)和非物质(如思想、信息、知识、技能、情感、想象力)的跨国流动③。与之相同,本研究也将研究生,尤其是博士生纳入国际学术流动研究的范围;不同的是本研究仅涉及人员流动。

重新审视全球知识生产。知识生产是指创造和传播新知识、新思想和新见解的过程。在学术界,知识生产通常是通过研究、实验、交流等方式产生新的想法、理论和概念,并通过学术出版物、会议、媒体等各种渠道传播新知识的过程。知识生产的过程可能涉及个人和机构之间的合作;知识生产的结果可以对社会发展、政策制定、生产实践和价值信仰产生重大影响。如布鲁诺·拉图尔(Bruno Latour)所言,"知识生产的过程本质上是社会性的,包括合作、交流和社区建设。为了发挥作用,科学家必须能够有效地与其他人合作,并参与建设性的对话和辩论"。④ 在社会学、哲学和文化研究领域,知识生产被视为一个复杂的社会过程,受到包括社会结构、权力关系和文化规范多种因素的影响。近年关于英文发表的探讨,不论在全球范围内,还是各个民族国家内部,都成为一个热点。中国政府与大学也在政策制定与科研管理层面发生了一系列转向,其根本原因在于国际发表作为一把双刃剑,在试图融入全球知识体系的同时,也存在自身局限性,有可能因为模仿西方知识生产的策略和标准,为获得出版方面

---

① 宋旭璞,潘奇.学术精英国际流动的影响因素:历史数据的实证探索[J].全球教育展望,2019,(05):27-38.
② 沈文钦.国际学术流动与中国大学的发展:逆全球化趋势下的历史审视[J].北京大学教育评论,2020,18(04):47-70+186.
③ Shen W, Xu X, Wang X. Reconceptualising international academic mobility in the global knowledge system: Towards a new research agenda[J]. Higher Education, 2022, 84(6): 1317-1342.
④ Latour B. Science in action: How to follow scientists and engineers through society[M]. Massachusetts: Harvard University Press, 1987.

的认可和回报,而失去为建立国际知识秩序做出更大贡献的机会[1][2]。

　　基于上述理论、实践与概念层面的分析,本书聚焦全球科学体系中的学术人才国际流动与知识生产,旨在回应三大研究问题。问题一:通过对发达国家与新兴经济体国家的国际学术流动政策开展国际比较分析,阐释不同国家国际学术流动政策的共同规律与各自特点,及其对优化我国国际流动政策有何启发。

　　问题二:探究国际学术流动与知识生产之间的关系,考察不同类别、不同地域、不同学科的国际学术流动对知识生产产生的影响,揭示其中的影响机制。具体而言,一是,不同流动类型(海外留学、访学与双重流动)对知识生产有何影响? 不同流动地域(北美、欧洲与亚太地区)对知识生产有何影响? 不同学科是否存在差异? 二是,海外留学如何影响知识生产? 科研合作是否在留学与知识生产之间发挥中介作用? 科研合作又是如何生成、维系与拓展的? 三是,海外访学如何影响知识生产? 海外访问学者学术参与的可能与边界,学术身份建构的路径与转换如何影响访问学者的知识生产?

　　问题三:基于全球科学体系的层级性与能动性,考察国际学术流动对知识生产影响的时空变化。通过考察不同世代国际学术流动对知识生产影响的变化,论证国际流动以及流动到位于全球科学体系核心位置的国家对我国学者知识生产的影响逐渐减弱这一假设。探讨中国在全球科学体系中崛起、向核心位置转移的可能性,及其对中国建设世界一流大学的重要意义和影响。

---

[1] Yang R. Internationalisation, indigenisation and educational research in China[J]. Australian Journal of Education, 2005, 49(1): 66-88.
[2] Xu X. China "goes out" in a centre-periphery world: Incentivizing international publications in the humanities and social sciences[J]. Higher Education, 2020, 80(1): 157-172.

◆ 第一章
学术人才流动政策的国际比较

第一节　学术人才国际流动政策研究

OECD报告显示,人才国际流动政策内容主要包括经济激励(economic incentives)、移民签证(immigration programmes)、资格认证(foreign qualification)、社会文化支持(social and cultural support)以及海外研究(research abroad)等方面。根据流动方向,又可将政策措施分为服务于人才流入(inflows)与服务于本土人才流出(outflows)两种[①]。基于已有文献,不同国家地区的政策制定与实施通常因政治、经济、社会文化环境的不同而有所差异,发达国家与新兴经济体国家的学术人才国际流动政策呈现出较为明显的制度差异。有研究显示,在发达国家,一类政策是以吸引周边国家的人才为主。如日本新近提出的"接纳30万留学生计划",重点关注和吸引亚洲的优秀人才;又如,英国以吸引原殖民地所在国家以及欧盟国家人才为主。另一类是在全世界范围内广泛吸引不同族裔的人才,如美国、澳大利亚、加拿大等国家。而发展中国家目前仍以吸引海外的本族裔的人才回国为主,例如韩国、印度、马来西亚等。中国也与上述国家情况类似,政策重点在海外华人、华侨和华裔人才的回流[②]。

聚焦欧美国家,OECD报告显示了四类国际流动政策,第一类旨在促进青年学者流动。例如,美国、澳大利亚、德国、意大利等国鼓励外籍学生或研究人员到本国攻读博士学位或进行博士后研究,也为本国学者提供到其他国家访问学习的机会与支持。第二类针对高层次人才,旨在引进外籍专家学者。例如,加拿大、澳

---

① Organisation for Economic Co-operation and Development. The global competition for talent:Mobility of the highly skilled[R]. Paris:OECD Publishing, 2008.
② 杜红亮,赵志耘.中国海外高层次科技人才政策研究[M].北京:中国人民大学出版社,2015:215.

大利亚、匈牙利、比利时等国都有相关政策与经费开展海外高层次引智工作。此外，欧美国家还出台了大量旨在满足紧缺专业人才需求的政策，如英国、美国、德国、法国、爱尔兰等国家纷纷出台特殊移民签证政策引进专业人才。还有留住留学生的政策，如美国、英国、德国提供专门的签证政策使留学生进入本国劳动力市场成为可能①。

聚焦亚洲国家和地区，有研究从发展本土人才（develop local talent）、引进外籍专业人才（attract foreign talent）和回归流失人才（repatriate diasporic talent）三个方面进行探讨②。以马来西亚为例，尽管马来西亚高等教育部（Ministry of Higher Education，MOHE）出台的《国家高等教育战略计划 2020》（National Higher Education Strategic Plan 2020）③将人才国际化作为发展策略的重要方面，但出于民族敏感性和提高本地毕业生就业率的考虑，人才战略的优先选项仍是培养本土人才，其次是吸引流失人才归国，最后才是引进海外人才。新加坡也将培养本土人才放在首位，但出于国家发展对知识经济、科技创新的需求，新加坡政府在引进外籍科学家与吸引留学人才回国两方面同样不遗余力。再如中国香港地区，从世界各地引进学术人才是香港学术界一直以来的传统。香港地区的相关政策制定者认为，不论作为学生还是学者，外籍人才的到来均能够开拓本土人才的国际视野，促进本土人才的国际化发展，所以香港地区将吸纳其他国家和地区的人才作为其国际流动政策的重要目标④。

聚焦中国，基于我国大学的国际化发展进程以及建设世界一流大学的时代背景，现有学术人才国际流动政策主要围绕两个目标：一是吸引更多优秀的海外留学人才归国，尤其是引进更多已在相关领域有所建树的高层次海外人才；二是为

---

① Organisation for Economic Co-operation and Development. The global competition for talent: Mobility of the highly skilled[R]. Paris: OECD Publishing, 2008.
② Lee J T. Education hubs and talent development: Policymaking and implementation challenges[J]. Higher Education, 2014, 68(6): 807-823.
③ Tinggi K P. The national higher education strategic plan: Beyond 2020[R]. Malaysia: Ministry of Higher Education, 2007.
④ Lee J T. Education hubs and talent development: Policymaking and implementation challenges[J]. Higher Education, 2014, 68(6): 807-823.

没有国际学术流动经历的本土人才提供更多更有效的国际学术交流机会,提升其国际学术对话能力。

可以看出,世界各国都在积极引进和培养优秀的学术人才,以增强自身的竞争力和创新能力。然而,不同国家的学术人才流动政策存在差异,这既反映了各国的发展需求和利益考量,也对学术人才的国际流动和职业发展产生了深远影响。本章将探讨发达国家和新兴经济体国家的学术人才国际流动政策,分析其存在哪些共同规律与各自特点,以期更好地了解当前全球学术人才流动的趋势和规律,为优化我国学术人才国际流动政策体系提供借鉴。

需要说明两点:一是,概念界定。本章对学术人才国际流动政策的探讨有着相对明确的概念边界,主要聚焦促进学者流动,包括到国外攻读博士学位或进行博士后研究,抑或到其他国家访问学习等国际流动政策。不讨论学术领域之外更广义的劳动力市场紧缺专业人才的国际流动,也不关注学者个体层面发生的职业流动,即便在政策制定与实施中,后两者与前者存在一定的交叉重合,但本章仍将研究重点放在与学术研究活动紧密相关的国际流动政策本身。

二是,政策分类。对学术人才国际流动政策文本的收集与比较分析主要基于发达国家和新兴经济体国家两种类型。一般而言,发达国家是指那些经济和社会发展水准较高、人民生活水准较高的国家,其拥有较高的人类发展指数、人均国民生产总值、工业化水准和生活品质,主要分布在欧洲、北美、大洋洲、东亚等。根据全球地理分布情况,本研究选择位于北美的加拿大、欧洲的英国、亚太地区的澳大利亚和新加坡作为发达国家代表。而新兴经济体国家一般指某一国家或地区经济蓬勃发展,其总体经济规模在国际贸易、国际资本流动和重点产品产出等方面具有世界性影响力。通常将20国集团中的11个发展中国家包括阿根廷、巴西、中国、印度、印度尼西亚、韩国、墨西哥、俄罗斯、沙特阿拉伯、南非和土耳其作为新兴经济体国家的代表[①]。根据全球地理分布情况,本研究选择位于南美洲的巴西、非

---

① 张宇燕,田丰.新兴经济体的界定及其在世界经济格局中的地位[J].国际经济评论,2010,(04):7-26.

洲的南非、亚太地区的韩国与中国作为新兴经济体国家代表。

第二节 发达国家的学术人才
国际流动政策

本章选择北美的加拿大、欧洲的英国、大洋洲的澳大利亚以及东亚的新加坡四个国家作为发达国家代表，对其学术人才国际流动政策进行比较分析。

一、加拿大

加拿大政府促进学术人才流动的项目主要包括："首席研究员计划"（Canada Research Chairs Program）、"班廷博士后奖学金项目"（Banting Postdoctoral Fellowships），以及基于国际合作开展的学术人才国际流动项目。

（一）首席研究员计划

"首席研究员计划"于2000年启动，由加拿大联邦政府出资，三方机构项目秘书处（Tri-agency Institutional Programs Secretariat，TIPS）负责日常运行。三方机构包括社会科学和人文科学研究委员会（Social Sciences and Humanities Research Council，SSHRC）、加拿大卫生研究所（Canadian Institutes of Health Research，CIHR）、自然科学和工程研究委员会（Natural Sciences and Engineering Research Council，NSERC）。政府每年投入约2.95亿加元，以吸引和留住世界一流的研究人员来加强加拿大的研究能力和减轻人才流失的压力。首席研究员不仅通过自己的研究工作，而且通过教学和指导学生以及协调其他研究人员的工作来推进他们在工程和自然科学、健康科学、人文和社会科学方面取得卓越的研究成果。

加拿大的首席研究员是机构奖，而不是个人奖，分为两种：一级首席研究员,为期七年,可续聘一次,适用于在其领域被同行认可为世界领导者的杰出研究人员(教授、副教授或同等职位),大学每年获得 20 万加元。二级首席研究员,为期五年,可续聘一次,适用于在其领域处于领先地位、具有发展潜力的杰出新兴研究人员(助理教授或副教授或同等职位),大学每年获得 10 万加元[1]。

首席研究员也有资格获得加拿大创新基金会(Canada Foundation for Innovation,CFI)提供的基础设施支持,以保障开展工作所必需的最先进的设备。每所大学都有一个最大的分配额度(CAD125 000/首席研究员)用于基础设施需求,CFI 资金成本的 40% 来自 CFI,60% 来自大学及其资金合作伙伴[2]。

(二)班廷博士后奖学金项目

"班廷博士后奖学金项目"也是由加拿大联邦授权的社会科学和人文科学研究委员会、加拿大卫生研究所、自然科学和工程研究委员会三方机构管理。班廷博士后奖学金项目旨在吸引和留住国内外顶级博士后人才,发展他们的领导潜力,助其成为未来的科研引领者,积极为加拿大的经济、社会和研究发展作出贡献。班廷博士后奖学金为期两年,每年资助 7 万美元[3]。

(三)基于国际合作开展的学术人才国际流动项目

加拿大卫生研究所通过"国际科学交流项目"(International Scientific Exchange),与阿根廷、巴西、中国、法国和意大利的研究机构签署了谅解备忘录。访问加拿大的外国科学家将从加拿大卫生研究所获得生活津贴,并从他们所属国家的大学、科研机构获得旅行津贴。海外访问的加拿大科学家将从海外办事处领

---

[1] Government of Canada. Canada research chairs program[EB/OL].[2020-12-20].https://www.chairs-chaires.gc.ca/about_us-a_notre_sujet/index-eng.aspx#.
[2] Organisation for Economic Co-operation and Development. The global competition for talent: Mobility of the highly skilled[R]. Paris: OECD Publishing, 2008.
[3] Government of Canada. Banting postdoctoral fellowships[EB/OL].[2020-12-20].https://banting.fellowships-bourses.gc.ca/en/app-dem_overview-apercu.html.

取生活津贴,并从加拿大卫生研究所领取旅行津贴,以支付在加拿大居住城市和东道国实验室所在城市之间往返的机票费用。①

加拿大卫生研究所的"中加合作研究项目"(CIHR Collaborative Research, China-Canada)旨在通过合作研究基金的支持,促进中加两国大学、医院、研究机构或附属研究机构之间的科学合作发展。这些资助用于直接与研究计划有关的开支,以及作为合作计划的重要组成部分的国际交流访问旅费(少于6个月)。"中加合作研究项目"也支持加拿大研究人员前往中国开展研究。②

加拿大卫生研究所的"加拿大-发展中国家卫生项目"(CIHR Canada - HOPE, Health in Developing Countries)针对印度、巴基斯坦、孟加拉国、斯里兰卡和尼泊尔。该项目的长期目标是使来自加拿大国际开发署(Canadian International Development Agency, CIDA)和联合国(United Nations, UN)中低收入国家的有前途的科学家和临床医生能够接触到加拿大最先进的科学、实验室和培训环境。③

加拿大卫生研究所的"美国-加拿大老龄化研究"(CIHR Research on Aging, USA - Canada)帮助来自美国的研究人员在加拿大就老龄化问题进行研究。这些资助是加拿大卫生研究所老龄化研究中心(Institute of Aging of the Canadian Institutes of Health Research, CIHR - IA)与美国卫生研究所国家老龄化研究中心(National Institute on Aging of the National Institutes of Health, NIH - NIA)合作的结果。各机构投入资源,扩大研究培训的范围,进一步发挥加拿大和美国在提高老龄化领域研究能力方面的作用。④

加拿大卫生研究所的"日本暑期项目"(Summer Program in Japan)为年轻的

---

① Organisation for Economic Co-operation and Development. The global competition for talent: Mobility of the highly skilled[R]. Paris: OECD Publishing, 2008.
② Organisation for Economic Co-operation and Development. The global competition for talent: Mobility of the highly skilled[R]. Paris: OECD Publishing, 2008.
③ Organisation for Economic Co-operation and Development. The global competition for talent: Mobility of the highly skilled[R]. Paris: OECD Publishing, 2008.
④ Organisation for Economic Co-operation and Development. The global competition for talent: Mobility of the highly skilled[R]. Paris: OECD Publishing, 2008.

博士后研究人员到日本大学和研究所开展大约八周的研究提供了机会,项目时间通常从每年的 6 月底到 8 月下旬。①

加拿大社会科学和人文科学研究理事会的"发展基金与项目基金"(Development Grants and Project Grants),旨在帮助加拿大研究人员发起和发展国际研究合作,促进加拿大研究人员参与或领导国际研究倡议,为加拿大的学术研究提供机会。②

二、英国

英国皇家学会(Royal Society)是促进学术人才国际流动的主要机构,包括在牛顿基金下设立的"牛顿高级研究员资助项目"(Newton Advanced Fellowships)、"牛顿国际资助计划"(Newton International Fellowship Scheme)、"牛顿流动基金"(Newton Mobility Grants),在沃尔夫森基金下设立的"皇家学会沃尔夫森资助项目"(Royal Society Wolfson Fellowship)、"皇家学会沃尔夫森访问学者资助项目"(Royal Society Wolfson Visiting Fellowship Scheme),还有"皇家学会研究教授计划"(Royal Society Research Professorships)、"国际交流计划"(The International Exchanges Scheme)等一系列国际流动资助计划。

(一)牛顿基金支持下的皇家学会资助项目

牛顿基金成立于 2014 年,旨在通过建设研究和创新能力,促进伙伴国家福祉的长期可持续增长,是英国官方援助承诺的一部分。英国最初设定每年投资 7 500 万英镑,为期五年,之后决定将牛顿基金从 2019 年延长至 2021 年,并将每年 7 500 万英镑的投资翻倍,2021 年达到每年 1.5 亿英镑,截至 2021 年总投

---

① Organisation for Economic Co-operation and Development. The global competition for talent: Mobility of the highly skilled[R]. Paris: OECD Publishing, 2008.
② Organisation for Economic Co-operation and Development. The global competition for talent: Mobility of the highly skilled[R]. Paris: OECD Publishing, 2008.

资达到 7.35 亿英镑。

1. 牛顿高级研究员资助项目

"牛顿高级研究员资助项目"侧重于处于职业生涯中早期的国际团队领导者,将他们与英国最好的研究团队联系起来,发挥其研究优势。在该项目中,英国通过提供资金来支持伙伴国家的研究人员,包括在相关领域与英国合作开展研究,从而将知识和研究能力转移给伙伴国家。

该项目的目标包括:(1)支持建立一个训练有素的研究共同体,通过传授新技能和创造新知识,为促进合作伙伴国家的经济发展和社会福祉作出贡献。(2)通过支持有前途的、独立的、处于职业生涯中早期的研究人员及其研究团队,促进合作伙伴国家的研究;通过培训、合作、互访以及从英国转移知识和技能来发展其研究。(3)在伙伴国家和英国最好的研究团队之间建立长期联系,以确保研究能力可持续提高。

项目资助期限最长为三年,可提供工资补充、研究支持、培训费用、旅费和生活费。最高奖励金额不能超过 111 000 英镑(每年最多不超过 37 000 英镑)。其中,合作伙伴国家的海外项目负责人的最高工资为 5 000 英镑。研究支持不超过 15 000 英镑,包含支付给海外研究助理的贡献费用、出版费用、会议或研讨会费用、消耗品和设备。旅行和生活费不超过 12 000 英镑,培训费用 5 000 英镑。

项目支持地域包括土耳其与巴西。为土耳其提供为期三年的研究经费,为巴西提供为期两年的研究经费。海外申请人及其团队在资助期间每人每年最多可以访问英国三个月,如果有合理的理由,时间可以延长。[1]

2. 牛顿国际资助计划

"牛顿国际资助计划"成立于 2008 年,由皇家学会、英国科学院和医学院提供资助。该计划的资助重点是处于职业生涯早期的国际研究人员,主要目的是:

---

[1] Royal Society. Newton advanced fellowships[EB/OL].[2020-12-20]. https://royalsociety.org/grants-schemes-awards/grants/newton-advanced-fellowships/.

(1) 通过提供在英国研究机构工作两年的机会,支持英国以外任何国家处于职业生涯早期的博士后研究人员的发展和培训;(2) 确保来自世界各地所有相关学科的最好的博士后研究人员在英国得到支持;(3) 与之前的研究人员建立校友联络,保持国际研究人员与英国研究基地之间的长期关系。

资助以全职形式提供两年,包括:生活费用每年 24 000 英镑(免税);消耗品每年 8 000 英镑;第一年最多支付 3 000 英镑的搬迁费用(欧洲经济区国民最多支付 2 000 英镑);为非欧洲经济区国民及其家属(仅限配偶和子女)移民到英国支付办理签证的费用。在英国皇家学会牛顿基金资助下的国际研究员有资格申请研究和创新人才签证(Tier 1 Exceptional Talent Visa)。[1]

3. 牛顿流动基金

"牛顿流动基金"旨在为伙伴国家/地区处于职业生涯早期的学者和已建立团队的研究引领者提供一个灵活的平台,与其英国同行互动。通过提供旅行、生活和研究费用资助,为探索和建立持久合作网络提供短期访问的机会,或为加强新兴合作提供双边访问的机会。主要目的是:(1) 通过促进培训将技能从英国转移到合作伙伴国家/地区,加强合作伙伴国家/地区的研究能力;(2) 通过将英国最好的研究人员与伙伴国家/地区最好的研究人员及其团队联系起来,为初期探索性研究提供支持,在双方合作伙伴之间建立长期研究联系,以确保研究能力的可持续发展。

项目支持地域包括巴西、泰国、土耳其。资金额度取决于访问的时间长短。为期三个月的一次性访问不超过 3 000 英镑;在一年内完成多次访问不超过 6 000 英镑(包括不超过 1 500 英镑的研究费用);在两年内完成多次访问的不超过 12 000 英镑(包括不超过 3 000 英镑的研究费用)。被资助者可以考虑随后申请牛顿国际资助计划或牛顿高级研究员资助项目以巩固伙伴关系。[2]

---

[1] Royal Society. Newton international fellowship scheme[EB/OL].[2020-12-20]. https://royalsociety.org/grants-schemes-awards/grants/newton-international/.
[2] Royal Society. Newton mobility grants[EB/OL].[2020-12-20]. https://royalsociety.org/grants-schemes-awards/grants/newton-mobility-grants/.

(二)沃尔夫森基金支持下的皇家学会资助项目

英国皇家学会沃尔夫森资助计划使英国大学和研究机构通过以下两条互补途径,吸引优秀的国际研究人员到英国科学界:一是为期五年的英国"皇家学会沃尔夫森资助项目",专注于人才招聘,为希望到英国的国际研究领袖提供300 000英镑的资助,以此来增加英国机构对国际人才的吸引力。二是英国"皇家学会沃尔夫森访问学者资助项目",允许优秀的国际研究人员利用学术休假时间在英国大学或研究机构从事研究,最高奖励为125 000英镑,以建立和发展与英国大学或研究机构的国际合作和科研网络。①

1. 皇家学会沃尔夫森资助项目

该项目通过提供长期经费支持和灵活的资金使用来进行高质量的研究,使英国大学和研究机构招聘和吸引海外优秀的研究领袖到英国,以帮助英国最好的大学和研究机构在具有战略意义的领域取得卓越成就。

候选人最多可以申请300 000英镑。研究员可以灵活地使用资金,并将之作为支持其研究计划和团队启动计划的一部分。包括薪资提升——机构可能会为研究员提供薪资提升,但最高提升20%的总工资;研究费用——灵活的研究费用包括消耗品、差旅费、高达10 000英镑的小型设备等;研究助理费用——博士后研究员全部经济成本的80%;另外,4年博士学位费用——接收机构需要承诺在沃尔夫森研究员离开机构时能够承担剩余的博士学位费用,并为学生提供合适的替代导师。②

2. 皇家学会沃尔夫森访问学者资助项目

该项目资助国际研究引领者利用公休假在英国大学或研究机构开展研究,促进国际合作联系,丰富科学研究。项目资助可为全职访问学者提供1年,也可灵活提供2年以上。访问学者的时间可以是12个月,也可以是24个月,通常最少3

---

① Royal Society. Royal Society Wolfson fellowship[EB/OL].[2020-12-20]. https://royalsociety.org/grants-schemes-awards/grants/royal-society-wolfson-fellowship/.
② Royal Society. Royal Society Wolfson fellowship[EB/OL].[2020-12-20]. https://royalsociety.org/grants-schemes-awards/grants/royal-society-wolfson-fellowship/.

个月。该项目资助的目标是使英国大学和研究机构从海外吸引关键战略领域的优秀国际研究人员,使访问学者和英国的研究人员建立持续的合作研究联系,分享研究想法和实践经验。

候选人最多可以申请 125 000 英镑。访问学者可在休假期间灵活使用资助,资助内容包括:访问学者的全职项目资助每年不超过 80 000 英镑;研究费用包括消耗品、旅行、小件设备,最高可达 10 000 英镑;其他合理的费用包括旅费和生活津贴等。[①]

(三)皇家学会研究教授计划

英国"皇家学会研究教授计划"专门为有杰出成就和发展潜力的科学家提供 10—15 年的支持,尤其欢迎目前居住在英国以外并希望回国的科学家申请。教授职位的年薪为 72 000 英镑,一次性启动资助不超过 35 000 英镑,每学年的研究费用不超过 16 000 英镑。[②]

(四)国际交流计划

"国际交流计划"是为那些希望通过一次性访问或双边访问来促进与海外顶尖科学家合作的英国科学家设立的。"国际交流计划"旨在为英国的科学家提供一个灵活的平台,让他们与世界各地最好的科学家进行互动;为探索建立持久的科研网络而进行一次性短期访问,或为实现新的合作而进行双边访问的科学家提供旅费、生活费和研究费用。

本计划重点在刺激英国和海外科学家之间的新合作,不支持英国申请人与以前的同事或博士生合作申请人之间的持续研究活动,也不支持申请人与合作申请人之间的现有或近期合作。资金额度以及使用与牛顿流动基金的情

---

① Royal Society. Royal Society Wolfson fellowship [EB/OL]. [2020-12-20]. https://royalsociety.org/grants-schemes-awards/grants/royal-society-wolfson-visiting-fellowship/.
② Organisation for Economic Co-operation and Development. The global competition for talent: Mobility of the highly skilled[R]. Paris: OECD Publishing, 2008.

况相同。该计划接受英国以外所有国家/地区的合作申请。另外,"优素福·哈米德基金会国际交流奖"(Yusuf Hamied Foundation International Exchanges Award),为与印度研究人员的合作提供了额外的资助。为期两年的项目的旅行和生活费用最高可达 12 000 英镑,其中符合条件的研究费用最高可达 3 000 英镑。[1]

除了英国皇家学会,英国科学院(British Academy)、皇家工程院(Royal Academy of Engineering)、生物技术和生物科学研究理事会(Biotechnology and Biological Sciences Research Council,BBSRC)、经济和社会研究理事会(Economic and Social Research Council,ESRC)、工程和物理科学研究理事会(Engineering and Physical Sciences Research Council,EPSRC)、英国文化协会(British Council)等机构也为学术人才国际流动提供了一系列项目资助。

"英国科学院访问研究员计划"(British Academy Visiting Fellowships)资助国外处于职业生涯早期的学者到英国进行至少两个月的研究访问,最高资助金额为 15 000 英镑。英国皇家工程院提供的"杰出的访问学者计划"(Distinguished Visiting Fellowship Scheme),使英国大学的学术工程部门能够接待来自海外卓越学术中心的研究员长达一个月。"中印研究交流计划"(Research Exchanges with China and India)让中国和印度大学的学术研究人员在英国大学学习,英国学者也可以到中国和印度大学交流学习。资助可用来进行为期一个月的考察或访问,也可以是 3—12 个月的项目访学,包括生活费用、差旅费和住宿费。英国皇家工程院还为目前从事研究和开发的工程师提供了"全球研究奖"(Global Research Awards),以开展海外项目。资助时间为 3—12 个月,奖励包括工资、旅费、生活费,必要时还包括家庭陪护费用。生物技术和生物科学研究理事会提供的"国际科学交流计划"(International Scientific Interchange Scheme)、"合作伙伴奖"(Partnering Awards)使研究人员有机会到英国来开展长期交流、参加研讨会和访

---

[1] Royal Society. International exchanges scheme [EB/OL]. [2020-12-20]. https://royalsociety.org/grants-schemes-awards/grants/international-exchanges/.

问等国际活动。经济和社会研究理事会提供的"访问计划"(Visits Programme)旨在推动研究机构之间的国际交流访问,推动面向未来的研究议程。工程和物理科学研究理事会提供的"访问学者计划"(Visiting Researchers)为英国带来研究合作和知识共享;"海外旅行资助"(EPSRC Overseas Travel Grants)为英国研究人员前往海外研究机构了解当前的研究项目提供资助。"英国文化协会研究员交换计划"(British Council Researcher Exchange Programme)通过提供旅费、生活费和其他费用,使处于职业生涯早期的研究人员能够在英国实验室体验两周至三个月的时间。①

三、澳大利亚

澳大利亚研究理事会(Australian Research Council,ARC)负责管理"国家竞争性经费项目"(National Competitive Grants Program,NCGP),该项目通过竞争机制资助能够带来新发现和促进知识进步的高质量研究。"国家竞争性经费项目"提供研究所需的具备国际竞争力的仪器设备,支持处于不同职业生涯阶段的研究人员以及下一代研究人员的培训和技能发展,鼓励澳大利亚最有才华的研究人员通过国家和国际创新系统与高水平研究人员合作。国家竞争性经费项目包括"发现计划"(Discovery Program)和"联系计划"(Linkage Program)两个资助计划。其中,"发现计划"下设的子项目主要支持基础研究,旨在资助具有国际竞争力的个人和团队研究、国际合作和优先领域的研究,为澳大利亚和国际最优秀的研究人员提供研究培训和职业发展机会。"发现计划"包括:"澳大利亚桂冠研究员计划"(Australian Laureate Fellowships)、"未来资助计划"(Future Fellowships)、"职业早期研究员发现奖"(Discovery Early Career Researcher Award,DECRA)、"发现项目"(Discovery Projects),以及"原住民发现奖"

---

① Organisation for Economic Co-operation and Development. The global competition for talent: Mobility of the highly skilled[R]. Paris: OECD Publishing, 2008.

(Discovery Indigenous)。① 除"原住民发现奖"外的四个子项目均为学术人才国际流动提供了政策与经费支持。

(一) 国家竞争性经费支持下的发现计划

1. 澳大利亚桂冠研究员计划

该计划旨在支持世界级研究人员在澳大利亚进行研究,反映了澳大利亚政府对卓越研究的支持。优先考虑在提升澳大利亚研究能力、国际竞争力方面发挥重要作用的研究人员,为符合资格的澳大利亚桂冠研究员提供项目资金,此外还提供工资补贴及相关支持。

"澳大利亚桂冠研究员计划"的目标是:支持具有突破性与国际竞争力的基础研究和应用研究;在研究人员、国际研究团体、行业和其他研究终端用户之间建立密切联系;加强澳大利亚政府关键领域的研究;吸引和留住具有国际声誉的优秀研究人员和研究引领者;提供良好的研究培训环境和导师,培养处于职业生涯早期的研究人员。

每年发放不超过 17 个澳大利亚桂冠研究员资助名额。除了管理机构提供的 E 级教授薪金外,另提供薪金补充,为期五年;最多资助两名博士后研究助理(五年)和两名研究生研究人员(四年);以及每年高达 30 万美元的项目资助。项目资助可用于:聘请博士后和研究助理、技术人员和实验室人员等;研究和基础设施以及技术车间服务;必要的实地研究;第三方专家服务;设备及耗材;出版和传播项目研究成果和外联活动;专用电脑设备和软件;对项目至关重要的旅费;网络托管与开发;工作坊、专题小组和会议等基本费用。②

此外,在 2010 年,澳大利亚研究理事会设立了两项澳大利亚桂冠女性提名奖,颁发给杰出的女性研究人员。获奖者将担任大使角色,旨在提升女性在研究领域的

---

① Australian Research Council. National competitive grants program[EB/OL].[2020 - 12 - 20]. https://www.arc.gov.au/grants/national-competitive-grants-program.
② Australian Research Council. Australian laureate fellowships[EB/OL].[2020 - 12 - 20]. https://www.arc.gov.au/grants/discovery-program/australian-laureate-fellowships.

地位。鼓励处于职业生涯早期的研究人员，特别是女性，来澳大利亚并在研究领域有所建树。来自人文、艺术和社会科学学科的高排名女性候选人将获得凯瑟琳·菲茨帕特里克（Kathleen Fitzpatrick）澳大利亚桂冠奖，来自科学和技术学科的高排名女性候选人将获得乔治娜·斯威特（Georgina Sweet）澳大利亚桂冠奖。获奖者每年可获得最高2万美元的额外奖金，为期五年，用于支持和推进研究。①

2. 未来资助计划

该计划支持处于职业发展中期的优秀的研究人员在国家和国际重大需求领域进行高质量的研究。目前，由于在澳大利亚缺乏职业发展机会，许多高素质的中年研究人员选择在海外工作以进一步发展其学术职业生涯。"未来资助计划"旨在解决这一问题，通过增强澳大利亚的知识基础和研究能力，为澳大利亚带来经济、商业、环境、社会和文化利益。"未来资助计划"的目标是：支持优秀的基础研究和应用研究；支持大学招聘和留住处于职业发展中期的优秀研究人员继续从事学术工作；支持国家和国际研究合作；加强澳大利亚政府关键领域的研究。

"未来资助计划"为澳大利亚处于职业生涯中期的杰出研究人员提供为期四年的资助，鼓励在国家关键领域工作的研究人员申请，优先考虑澳大利亚的研究人员。该计划每年发放100个名额，提供三个级别的薪金和每年不超过6万美元的项目经费。在项目期间，项目所必需的旅费最高可达10万美元，其他的项目资助用途与"澳大利亚桂冠研究员计划"基本保持一致。此外，澳大利亚研究理事会每年可向管理组织提供6万美元的非薪金经费，用于与未来研究员研究直接相关的人员、设备、旅费和实地研究费用。②

3. 职业早期研究人员发现奖

该项目是"发现计划"的一个独立部分，为教学和研究领域处于职业生涯

---

① Australian Research Council. Australian laureate fellowships[EB/OL]. [2020-12-20]. https://www.arc.gov.au/policies-strategies/strategy/gender-equality-research/kathleen-fitzpatrick-and-georgina-sweet-australian-laureate-fellows.
② Australian Research Council. Future fellowships[EB/OL]. [2020-12-20]. https://www.arc.gov.au/grants/discovery-program/future-fellowships.

早期的研究人员提供重点研究支持。"职业早期研究人员发现奖"的目标是：支持职业早期研究人员的基础研究和应用研究；支持国家和国际研究合作；扩大澳大利亚政府关键领域的研究规模；促进有潜力的早期研究人员的职业发展，提供多元化职业发展的机会；在高质量和支持性的环境中开展研究和培训。

澳大利亚每年大约颁发 200 个职业早期研究人员发现奖，包括每年高达 5 万美元的项目基金，为期三年。在项目期间，项目所必需的旅费不超过 5 万美元，其他的项目资助用途与澳大利亚桂冠研究员计划基本保持一致。①

4. 发现项目

该项目的目标是：支持优秀的基础研究和应用研究，支持个人和团队的研究培训；支持国家和国际研究合作；加强澳大利亚政府关键领域的研究；增强澳大利亚的知识基础和研究能力；为澳大利亚带来经济、商业、环境、社会和文化利益。"发现项目"每年提供 3 万到 50 万美元的项目资金，为期五年。②

表1-1 发现计划下设子项目的资助额度与年限　　　（单位：美元）

资助项目	项　目　经　费
澳大利亚桂冠研究员资助计划	(1) 澳大利亚桂冠研究员连续五年的全职薪金补贴 (2) 两名博士后研究助理的薪金补助，为期五年 (3) 两名研究生的津贴补助，为期四年 (4) 连续五年每年最多 30 万美元的项目费用，可用于资助更多的博士后研究助理和研究生 (5) 凯瑟琳·菲茨帕特里克或乔治娜·斯威特澳大利亚桂冠研究员每年最多可获得 2 万美元的额外资助

---

① Australian Research Council. Discovery early career researcher award[EB/OL].[2020-12-20].https://www.arc.gov.au/grants/discovery-program/discovery-early-career-researcher-award-decra.
② Australian Research Council. Discovery projects[EB/OL].[2020-12-20].https://www.arc.gov.au/grants/discovery-program/discovery-projects.

续　表

资助项目	项　目　经　费
未来资助计划	(1) 未来研究员连续四年全职领取三个级别之一的薪金 (2) 连续四年每年最高6万美元的项目费用
职业早期研究人员发现奖	(1) 连续三年的全职工资 (2) 连续三年每年不超过5万美元的项目费用
发现项目	项目费用每年在3万美元至5万美元之间,最多连续五年

（二）其他机构支持下的国际流动项目

澳大利亚国家卫生和医学研究委员会（National Health and Medical Research Council，NHMRC）提供的"澳大利亚卫生和医学研究项目资助"（Australia Fellowship for Health and Medical Research），旨在吸引和留住优秀的医学研究人员，资助期限为五年。"霍华德·弗洛里百年奖"（NHMRC Howard Florey Centenary Fellowships）鼓励积极从事海外研究的初级澳大利亚研究人员（2—5年博士后）返回澳大利亚，继续从事生物医学/健康相关的研究职业。资助期限为两年，每两年颁发一次奖项。①

澳大利亚教育、科学和培训部（Department of Education, Science and Training）提供的"国际科学联系项目"（International Science Linkages, ISL Programme）支持澳大利亚研究人员参与战略重点、学科前沿的国际科学研究和技术合作。该项目致力于通过国际交流、研究基金、特派团、讲习班，以及澳大利亚与其他国家政府的双边和多边科技关系，获得世界领先的国际研究设施、网络和方案。②

---

① Organisation for Economic Co-operation and Development. The global competition for talent: Mobility of the highly skilled[R]. Paris: OECD Publishing, 2008.
② Organisation for Economic Co-operation and Development. The global competition for talent: Mobility of the highly skilled[R]. Paris: OECD Publishing, 2008.

四、新加坡

新加坡国家研究基金会（National Research Foundation，NRF）成立于2006年，是总理办公室的下设部门。国家研究基金会的目标是让新加坡有强大的科学研究和人力基础，为此制定了"研究、创新与进取"计划（Research, Innovation and Enterprise，RIE），用来提供有竞争力的研究资金，培养、吸引和留住顶尖科学家，吸引杰出的科学和技术领袖，建立世界领先的研究中心。①

RIE计划的基本宗旨是为学术研究提供强有力的持续支持，其目标是：加强科研基础建设，提高全球科研竞争力、科研质量和强度；使新加坡成为具有社会影响力的高质量研究中心，并得到全球认可；在重要科学领域达到全球顶尖水平；维持一个充满活力、多样化和全球连接的研究生态系统，吸引和留住顶级研究人才。②

RIE 2025战略计划采用学术研究资助的组合方式，从支持研究者主导的规模较小的研究到更大的项目和研究中心的一系列项目，从而生成和维护一个健康的科研生态系统，聚集大量活跃于研究前沿的研究者。其中，"新加坡国家研究基金资助计划"（NRF Fellowship）、"国家研究基金研究员计划"（NRF Investigator）、"新加坡科学家回国计划"（Returning Singaporean Scientists Scheme）、"卓越研究中心计划"（Research Centres of Excellence，RCE）等在吸引世界优秀研究者方面贡献巨大。③

---

① National Research Foundation. Corporate profile[EB/OL].[2020-12-20].https://www.nrf.gov.sg/funding-grants/nrf-investigatorship.
② National Research Foundation. Spurring academic research excellence[EB/OL].[2020-12-20].https://www.nrf.gov.sg/rie2025-plan/spurring-academic-research-excellence.
③ National Research Foundation. Spurring academic research excellence[EB/OL].[2020-12-20].https://www.nrf.gov.sg/rie2025-plan/spurring-academic-research-excellence.

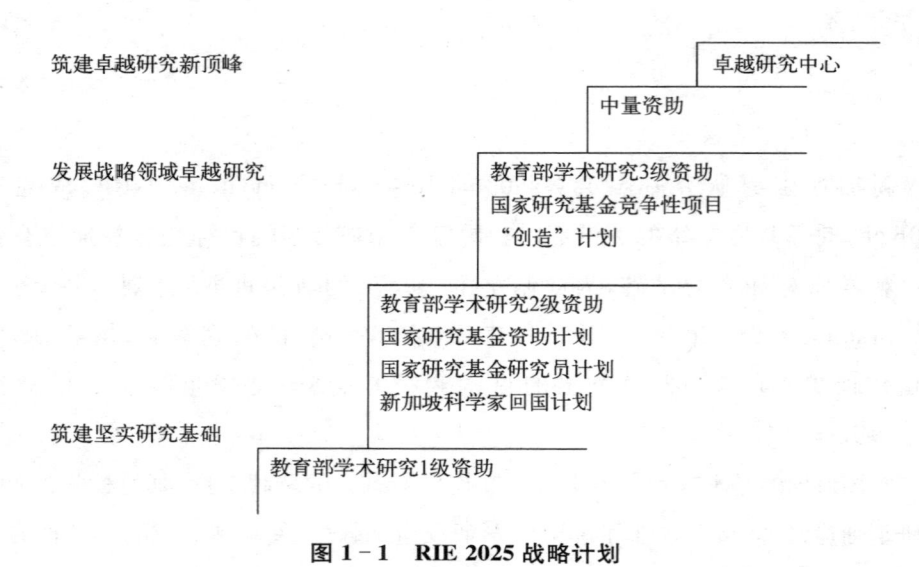

```
筑建卓越研究新顶峰                          卓越研究中心
                                          中量资助

发展战略领域卓越研究              教育部学术研究3级资助
                                国家研究基金竞争性项目
                                     "创造"计划

                        教育部学术研究2级资助
                        国家研究基金资助计划
                        国家研究基金研究员计划
                        新加坡科学家回国计划

筑建坚实研究基础    教育部学术研究1级资助
```

图 1-1　RIE 2025 战略计划

（一）国家研究基金会资助下的国际流动项目

1. 国家研究基金资助计划

该计划为来自世界各地的杰出青年科学家提供在新加坡进行独立研究的机会。该计划提供高达 300 万新加坡元的资助，使受助人能够在新加坡的接收研究机构组建并领导一个小型研究团队。五年的研究经费可以用来支付人员、设备和消耗品等成本。

任何国家处于研究生涯早期阶段的优秀研究人员，在任何学科获得博士学位并具备独立从事研究工作的能力的研究人员，均可申请。申请人应具有优秀的科研资质，处于科研生涯早期；准备接受独立的研究任务；提交一份具有国际竞争力的研究计划，证明科学研究的卓越性和潜在影响力；有潜力和抱负成为所在领域的下一代研究领导者；如果被选中，承诺在新加坡进行有影响力的研究。①

---

① National Research Foundation. NRF fellowship[EB/OL].[2020-12-20]. https://www.nrf.gov.sg/funding-grants/nrf-fellowship.

此外，还设有聚焦前沿学科的项目资助计划，如"人工智能资助计划"（NRF Fellowship for Artificial Intelligence），旨在吸引和招募来自世界各地的优秀年轻研究人员在新加坡领导有影响力的人工智能研究。资助计划提供为期五年总计300万新加坡元的研究经费，支持研究者在新加坡的接收机构领导与开展具有突破性的研究。[1]

2. 国家研究基金研究员计划

该计划旨在支持那些已在各自的研究领域拥有卓越的研究成果，作为研究领域发展引领者的少数优秀研究人员。该计划为已经有所建树、具有创新意识的科学家和研究人员在职业生涯中期从事突破性的、高风险的研究提供机会。[2]

3. 新加坡科学家回国计划

该计划寻求与吸引身在海外的杰出的新加坡研究领袖回到新加坡，在新加坡的自治大学和公共研究机构担任领导职务。新加坡国家研究基金会与自治大学和研究机构的管理高层密切合作，以确定潜在的未来机构领导者候选人。[3]

4. 卓越研究中心计划

该计划开始于2007年，由新加坡国家研究基金会和教育部共同制定并实施，以促进当地大学的卓越研究。为完成该计划，新加坡国立大学和南洋理工大学建立了五个研究中心。卓越研究中心开展的研究由世界顶级研究人员主导，服务新加坡的长期发展战略。"卓越研究中心计划"的目标是：吸引、留住和支持世界级的学术研究人员；加强大学的研究生教育，培养高素质的科研人才；在每个研究中

---

[1] National Research Foundation. NRF fellowship for artificial intelligence[EB/OL].[2020-12-20].https://www.nrf.gov.sg/funding-grants/nrf-fellowship-for-artificial-intelligence.
[2] National Research Foundation. NRF investigatorship[EB/OL].[2020-12-20].https://www.nrf.gov.sg/funding-grants/nrf-investigatorship.
[3] National Research Foundation. Returning Singaporean scientists scheme[EB/OL].[2020-12-20].https://www.nrf.gov.sg/programmes/returning-singaporean-scientists-scheme.

心的特定重点领域创造新的知识。①

（二）其他机构支持下的学术人才国际流动项目

新加坡教育部设立的"MOE 研究奖学金"（MOE Research Scholarship），不仅用于在新加坡自治大学注册的博士和硕士研究生的津贴和学费，也能够用来支持博士后和科学家。由科学技术研究署（Agency for Science, Technology and Research, A*STAR）管理的"A*STAR 奖学金"支持本地及海外大学的本科、博士及博士后教育及培训等。② 另有"国际研究资助"（International Grant），例如，英联邦国际合作资助计划（International Collaborative Fellowship for the Commonwealth）。2017 年，新加坡为了表明吸引科学人才的愿望，促进英联邦科学会议参与者之间的合作，国家研究基金会为英联邦启动了一项博士后国际合作资助计划，致力于在海洋和可持续发展城市两个领域开展研究。授予 10 个博士后资助名额，每个名额有 25 万新元的奖励，包括 20％的日常开支，以支持获奖人三年的工资。③

第三节　新兴经济体国家的学术人才国际流动政策

本章选择南美的巴西、非洲的南非，以及亚太地区的韩国与中国四个国家作为新兴经济体国家代表，对其学术人才国际流动政策进行梳理分析。

---

① National Research Foundation. Research centres of excellence[EB/OL].[2020-12-20]. https://www.nrf.gov.sg/programmes/research-centres-of-excellence.
② National Research Foundation. Sustaining a strong research manpower base[EB/OL].[2020-12-20]. https://www.nrf.gov.sg/rie2025-plan/sustaining-a-strong-research-manpower-base.
③ National Research Foundation. International collaborative fellowship for the Commonwealth[EB/OL].[2020-12-20]. https://www.nrf.gov.sg/funding-grants/international-grant-calls.

一、巴西

在 20 世纪七八十年代,有相当数量的巴西人在国外接受教育,这些科学家回国后为巴西科学的蓬勃发展作出了重要贡献。而当下,高技能人力资源供应不足仍是巴西经济的一大瓶颈,尤其在科学、技术、工程和数学领域。巴西需要制定新的计划来促进科学研究与技术创新的国际化,而提高学术人才的国际流动性是其中的关键一步[1]。

(一) 科学无国界计划

2011 年,巴西教育部下设的高等教育人才发展协调基金会(Coordination for the Improvement of Higher Education Personnel Foundation, CAPES)和科技部下设的国家科学技术发展委员会(National Council for Scientific and Technological Development)共同启动了"科学无国界计划"(Science without Borders)。这一计划旨在通过提高本科生、研究生和研究人员的国际流动性,改革巴西教育体系与研发系统,让巴西的学生和研究人员接触到富有竞争力和创业精神的环境,并吸引年轻的研究人员和国际公认的研究引领者来到巴西,加强科学技术创新和提高竞争力[2]。截至 2015 年,该项目提供了 101 000 份奖学金名额,特别关注 STEM 学科,其中,64 000 份奖学金发放给本科生;33 000 份奖学金发放给硕士、博士和博士后候选人;其余的 4 000 份奖学金提供给海外访问学者,使他们能够在巴西开展合作项目[3]。

该计划的主要目标是通过国际流动促进巴西科学技术的创新和发展。战

---

[1] Ministry of Education. National education plan, 2011 – 2020. [EB/OL]. [2020 – 12 – 20]. http://portal.mec.gov.br/index.php?option=com_content&id=16478&Itemid=1107.
[2] Ministry of Science, Technology and Innovations. Science without borders: Motivation [EB/OL]. [2020 – 12 – 20]. http://www.cienciasemfronteiras.gov.br/web/csf-eng/motivation.
[3] Sá C, Grieco J. International collaboration in brazilian higher education [J]. Frontiers of Education in China, 2015, 10: 7 – 22.

略设想包括：通过谈判从私营部门获得费用支持，或从大学、地方政府获得费用减免，增加国际顶尖研究机构中来自巴西的学生、科学家和行业人员；鼓励海外归国的年轻人才和高素质研究人员与当地研究人员开展合作项目，促进人力资源开发以及在海外工作的巴西科学家回流；鼓励建立国际伙伴关系，与外国合作伙伴互动，提升巴西大学和研究中心的国际化水平。[①] 该项目包括特别访问研究员（Special Visiting Researcher）和青年英才（Young Talents）两类资助。

1. 特别访问研究员

该资助旨在吸引国际公认的重要研究领域的领导者，与巴西研究团队一起开展项目，并在两到三年内每年访问巴西不超过三个月。这项资助为期 12 至 36 个月，支持研究人员在巴西的生活费用，并为当地实验室提供资金。资助具体包括：每月生活费 14 000 雷亚尔；每年最高金额为 50 000 雷亚尔的研究资助；飞行机票。

2. 青年英才

该资助旨在吸引在国外工作的具有良好科学成就的青年科学家，以及在科学或技术职业生涯中表现优异的青年科学家。"科学无国界计划"尤其关注在优先研究领域有突出表现的巴西人。该计划每年至少为 100 名年轻研究人员提供在巴西开展一项为期两年至三年的研究项目的资金支持。

"青年英才"分为"A 级研究员"（Young Talent Researcher Level A）与"B 级研究员"（Young Talent Researcher Level B）两级，奖学金期限为 12—36 个月。其中，青年英才 A 级研究员享有每月生活费 7 000 雷亚尔；每年 20 000 雷亚尔的研究资助；机票；住宿补贴 7 000 雷亚尔。青年英才 B 级研究员（Young Talent Researcher Level B）享有每月生活费 4 100 雷亚尔；每年 10 000 雷亚尔的研究资

---

① Ministry of Science, Technology and Innovations. Science without borders: Goals[EB/OL]. [2020-12-20]. http://www.cienciasemfronteiras.gov.br/web/csf-eng/goals.

助;机票;住宿补贴4 100雷亚尔。①

（二）圣保罗研究基金会项目

圣保罗研究基金会（São Paulo Research Foundation，FAPESP）由圣保罗州的纳税人资助,其使命是支持高等教育和研究机构所有知识领域的研究项目。圣保罗研究基金会与很多国家和国际机构进行了合作,包括英国研究理事会、法国国家研究机构、欧洲委员会、美国国家科学基金会、美国国家卫生研究院和能源部等。圣保罗研究基金会为愿意在巴西圣保罗州的研究机构工作的外国科学家提供项目支持,包括"博士后奖学金"（Post-Doctoral fellowship）、"青年研究员奖"（Young Investigator Award）和"访问研究员奖"（Visiting Researcher Award）。②

1. 博士后奖学金

"博士后奖学金"授予最近获得博士学位且拥有出色研究经历的杰出研究人员,具体分为两种:一是由圣保罗研究基金会资助的"项目导向的博士后奖学金"（Post-doctorate Fellowships Linked to Research Projects）;另一种是基于圣保罗高等教育与研究机构的"需求导向的博士后奖学金"（On Demand Post-doctorate Fellowships）。"博士后奖学金"为期24个月,可以续期12个月。"项目导向的博士后奖学金"可以持续48个月,前提是在与之相关的项目期限内。"博士后奖学金"包括每月津贴和研究基金,2022年起为8 479雷亚尔。研究基金用于与研究项目紧密相关的活动,约占年度奖学金的15%。③

2. 青年研究员奖

"青年研究员奖"的目的是在国际竞争背景下,为获得博士学位且具有国际

---

① Ministry of Science, Technology and Innovations. Science without borders: Opportunities for individuals from abroad[EB/OL].[2020-12-20].http://www.cienciasemfronteiras.gov.br/web/csf-eng/opportunities-for-individuals-from-abroad.
② São Paulo Research Foundation. The São Paulo research foundation[EB/OL].[2020-12-20].https://fapesp.br/en/about.
③ São Paulo Research Foundation. Post-doctoral fellowships[EB/OL].[2024-01-08].https://fapesp.br/en/postdoc.

研究经验的青年研究员或青年研究团队创造工作机会，具体包括"青年研究员资助"(Young Investigator Grant)和"青年研究员奖学金"(Young Investigator Fellowship)。"青年研究员资助"的最长期限为 60 个月，如经圣保罗研究基金会批准，期限可延长 12 个月。"青年研究员奖学金"的最长期为 24 个月，符合一定条件可延长 24 个月，但不能超过 48 个月。①

3. 访问研究员奖

"访问研究员奖"旨在促进圣保罗州的研究人员与国外同事之间的合作，以发展正在进行的研究项目或协助启动新的合作。该奖项提供给在圣保罗州研究机构工作的有经验的国外研究人员，他们必须具有博士学位，并具有优秀的科研成果，时间从两周到一年，不可延长。②

4. 圣保罗研究人员国际合作计划

圣保罗研究基金会通过"圣保罗研究人员国际合作计划"积极促进圣保罗州的研究人员和来自国外的研究人员之间的合作。该计划旨在资助圣保罗州研究机构的研究员参与海外合作伙伴的研究，即为那些处于初始阶段但对下一阶段有明确计划的国际研究合作者提供圣保罗研究基金会的常规资助，以确保在州政府资助下其研究得以继续，从而巩固国际合作伙伴关系。③

（三）国际合作项目

不论在联邦政府层面，还是圣保罗州政府层面，巴西研究机构在支持国际研究伙伴关系方面做着长期努力。几十年来，巴西联邦政府与欧洲、北美和拉丁美洲的许多国家都签订了双边协议。"美洲材料合作项目"(Inter-American Collaboration in Materials, CIAM)、"中巴地球资源卫星项目"(China-Brazil Earth Resources Satellites

---

① São Paulo Research Foundation. Guidelines for the young investigator grant[EB/OL].[2020-12-20]. https://fapesp.br/en/yia.
② São Paulo Research Foundation. Visiting researcher award[EB/OL].[2020-12-20]. https://fapesp.br/en/visiting.
③ São Paulo Research Foundation. SPRINT-São Paulo researchers in international collaboration [EB/OL].[2020-12-20]. https://fapesp.br/en/sprint.

Program, CBERS)、"巴西-南美合作项目"（Programa Sul-Americano de Apoio às Atividades de Cooperação em Ciência e Tecnologia, PROSUL)、"巴西-葡语非洲国家合作项目"（Programa de Cooperação Temática em Matéria de Ciência e Tecnologia, PROAFRICA)等均是巴西与伙伴国家正在进行的合作项目。例如，"美洲材料合作项目"是一个国际性的多机构项目，由国家科学技术发展委员会支持，致力于材料研究。该计划的成员包括加拿大、特立尼达和多巴哥、美国、阿根廷、巴西、智利、哥伦比亚、牙买加、墨西哥和秘鲁。每个国家都有责任资助其研究人员，为研究人员出国参与合作研究提供流动资金，用于往返参与国。[①]

二、南非

南非的科学研究和学术系统正面临着人口老龄化的挑战，政府采取了一系列战略性举措来扭转这一趋势，以确保国家在全球研究和创新舞台上具有竞争力。

（一）首席研究员计划

2006年"首席研究员计划"（Research Chairs Initiative, SARChI)由科学技术部(Department of Science and Technology, DST)和国家研究基金会（National Research Foundation, NRF)设立。该计划通过在南非公立大学设立首席研究员来吸引和留住南非公立大学的卓越人才。国家研究基金会由国会法案授权，负责实施人力资源开发计划、推进科学研究和保障研究基础设施建设。

"首席研究员计划"的总体目标是提高公立大学的研究和创新能力，以培养高质量的研究生和产出创新成果。具体目标包括：提高南非的科学研究和创新能力；提高南非的国际研究和创新竞争力，同时应对国家社会和经济挑战；吸引和留住优秀的研究人员和科学家；增加硕士和博士毕业生的产出；为处于职业生涯中

---

① National Council for Scientific and Technological Development. Inter-American collaboration in materials[EB/OL].[2020-12-20].http://www.cnpq.br/web/guest/ciarn.

早期的研究人员提供职业路径,使其拥有研究、创新和人力资本。

根据候选人的研究经历,设立了两个级别的首席研究员。一级首席研究员是在其领域已经获得国际认可、具有重大研究贡献的知名研究人员。二级首席研究员是有所建树、其研究贡献有可能在未来五到十年内获得国际认可的研究人员。来自国外的一级首席研究员申请者,需要保证至少 50% 的时间在南非的大学从事科学研究,二级首席研究员的国际候选人需要全职居住在南非。

截至 2020 年,已有 150 名首席研究员分布在南非 21 所公立大学。为了在增加新的研究力量的同时,保留大学已有研究力量,从南非大学外招聘的候选人占比为 60%,既包括工业界和国外人才,也包括散居在外的非洲学者和南非人。[1]

(二) 博士后奖学金

为促进各个知识领域研究的发展,科学和创新部(Department of Science and Innovation,DSI)与国家研究基金会设置了一系列博士后奖学金,包括"独立博士后奖学金"(Freestanding Postdoctoral Fellowships)、"创新博士后奖学金"(Innovation Postdoctoral Fellowships),以及"稀缺技能博士后奖学金"(Scarce Skills Postdoctoral Fellowships)。其中,"独立博士后奖学金"和"创新博士后奖学金"由科学和创新部资助,"稀缺技能博士后奖学金"由国家技能基金(National Skill Foundation,NSF)通过高等教育培训部(Department of higher education and training,DHET)资助。[2]

"独立博士后奖学金"旨在实现南非博士后研究人员数量和质量的双提升;让南非博士后提高国际可见度;让优秀的国际博士后研究员到南非进行研究工作。"创新博士后奖学金"旨在使青年科学家和专业人员在大学环境中获得世界级战略研究和应用研究的机会,从而丰富学术经历,促进其在国家科学系统中的长期

---

[1] National Research Foundation. South African research chairs initiative[EB/OL]. [2020-12-20]. https://www.nrf.ac.za/division/rcce/instruments/research-chairs.
[2] National Research Foundation. Freestanding, innovation and scarce skills postdoctoral fellowships framework[EB/OL]. [2020-12-20]. https://www.nrf.ac.za/funding/framework-documents/funding-framework-documents.

职业发展；支持青年科学家和专业人员开展具有创新意识的战略研究、基础研究和应用研究。"稀缺技能博士后奖学金"旨在增加特定稀缺技能领域的南非博士后研究人员的数量，并提升其质量；增加种族和性别多样性，并与高等教育部门和行业一起，支持研究发展，满足国家发展的具体需求。①

其中，"独立博士后奖学金"和"创新博士后奖学金"对南非公民、永久居民以及愿意在南非科研机构开展研究的国际申请者开放，"稀缺技能博士后奖学金"仅对南非公民及其永久居民开放。成功获得博士后奖学金的申请者将获得最多两年的资助，以项目最初开始日期为准。在奖学金期限内休产假的女博士后研究员，在两年奖学金期限之外可以获得额外四个月的资助。②

2023 年"独立博士后奖学金"包括每年 200 000 兰特（免税）的津贴，50 000 兰特的研究费用；"创新博士后奖学金"和"稀缺技能博士后奖学金"包括每年 255 000 兰特（免税）的津贴，50 000 兰特的研究费用。此外，东道主机构每年至少为奖学金获得者提供 15 000 兰特的补贴，并确保为研究人员的科研培训和技能发展提供有利的环境。成功获得博士后奖学金的候选人还有资格获得一次性旅费补助，当地旅费最高可达 15 000 兰特，国际旅费最高可达 50 000 兰特。③

（三）国际差旅补助

1. 研究生和博士后差旅补助

国家研究基金会将旅行资助与特定的研究生和博士后资助联系起来，设置了

---

① National Research Foundation. Freestanding, innovation and scarce skills postdoctoral fellowships framework [EB/OL]. [2020 - 12 - 20]. https：//www.nrf.ac.za/funding/framework-documents/funding-framework-documents.
② National Research Foundation. Freestanding, innovation and scarce skills postdoctoral fellowships framework[EB/OL]. [2022 - 12 - 20]. https：//www.nrf.ac.za/wp-content/uploads/2022/03/Freestanding-Innovation-and-Scarce-Skills-Postdoctoral-Fellowships-%E2%80%93-2023-Funding-Framework.pdf.
③ National Research Foundation. Freestanding, innovation and scarce skills postdoctoral fellowships framework[EB/OL]. [2022 - 12 - 20]. https：//www.nrf.ac.za/wp-content/uploads/2022/03/Freestanding-Innovation-and-Scarce-Skills-Postdoctoral-Fellowships-%E2%80%93-2023-Funding-Framework.pdf.

"研究生和博士后差旅补助",该补助旨在利用已建立的研究网络,为当前研究提供帮助;传播研究成果;参加与研究直接相关的国际会议和其他学术活动;接受与研究项目直接相关的在南非无法获得的专业研究培训;使用在南非没有的专业设备。申请人须证明差旅费对其研究具有直接贡献,或者将其用于传播研究成果。[①]

表1-2 2021年国际旅行的旅行补助金额　　　（单位：南非兰特）

类　　别	国际旅行	
	博士生	博士后
小额研究生和博士后差旅补助		45 000
大额研究生和博士后差旅补助	50 000	50 000
NRF-TWAS研究生和博士后差旅补助	50 000	
NRF-Nuffic博士生差旅补助	81 000	

2. 独立差旅补助

"独立差旅补助"支持南非的大学和研究机构从国外邀请学界知名研究人员在南非进行两个月或更多时间的研究,以丰富当地的专业知识领域,促进当前和未来的合作。独立的差旅补助同时也支持本地研究人员的长期差旅(超过两个月)、短期差旅(少于两个月),以及用于相关研究设备使用与培训资助。[②]

（四）基于国际合作的学术人才国际流动项目

1. 南非-欧洲研究理事会合作的中青年研究者访问项目

欧洲研究理事会(European Research Council,ERC)由欧盟委员会于2007年建立,负责资助在欧盟内进行的科学和技术研究。2015年,南非与欧洲研究理事会签

---

① National Research Foundation. Scholarship- and fellowship-holders travel grant[EB/OL]. [2020-12-20]. https://www.nrf.ac.za/funding/framework-documents/funding-framework-documents.

② Organisation for Economic Co-operation and Development. The global competition for talent: Mobility cf the highly skilled[R]. Paris: OECD Publishing, 2008.

署协议,成为加入该伙伴关系的 11 个国家之一。南非国家研究基金会与欧洲研究理事会的伙伴关系旨在使处于职业生涯中早期的南非研究人员能够与欧洲研究理事会资助的团队合作并进行研究访问。南非-欧洲研究理事会合作的"中青年研究者访问项目"的主要目标包括:通过资助共同感兴趣的主题领域的研究访问,促进南非和欧盟的科学进步;为处于职业生涯中早期的南非研究人员提供与欧洲同行互动的机会,以激发其研究潜能;通过具有国际竞争力的研究环境增强南非研究人员的研究资历,拓宽其研究视野,促进其研究能力发展;帮助并确保南非研究人员在国际上具有良好的能见度和网络联系。[①]

2. 南非-法国 PROTEA 科研合作计划

"南非-法国 PROTEA 科研合作计划"(South Africa-France PROTEA Science and Technology Research Collaboration)是一个双边激励计划,于 1997 年启动,由法国外交部、法国高等教育和研究部、南非科学和创新部与国家研究基金会共同资助,致力于加强南非与法国的合作研究。基于科学、技术和创新对建立和维持知识型经济至关重要这一共同信念,该计划主要为研究人员流动和培训提供资金支持,促进发展新的伙伴关系,加强南非和法国研究机构之间的先进科学技术交流。本计划旨在对特定研究领域的联合研究项目的研究人员进行资助,为两国的科学进步作出贡献;为新兴研究人员提供在国际环境中合作的机会,促进其科学职业生涯发展,特别是处于职业生涯中早期的研究人员以及女性研究人员;支持基础研究和应用研究;对研究能力的提升发挥重要作用。[②]

与之相似的国际合作项目还有"南非-中国合作研究项目"(South Africa-China Joint Research Programme)、"美国国家科学基金与南非国家研究基金合作研究项目"(US NRF – NSF Joint Research Programme on Dimensions of Biodiversity)、"南

[①] National Research Foundation. South African early-mid career researchers interested in undertaking research visits to ERC-funded teams[EB/OL].[2020 – 12 – 20]. https://www.nrf.ac.za/funding/framework-documents/funding-framework-documents.

[②] National Research Foundation. South Africa/France science and technology research collaboration[EB/OL]. [2020 – 12 – 20]. https://www.nrf.ac.za/funding/framework-documents/funding-framework-documents.

非-瑞士领导部署"(SA – Switzerland NRF – SNSF Lead Agency)等。①

三、韩国

自1970年开始,韩国政府为强化国家核心竞争力制定了多项旨在引进优秀海外同胞及海外人才的政策。20世纪70年代和80年代的韩国政府将引进对象的重点放在海外学习和工作的韩国科学技术人员上,90年代以后开始把人才工作重点转向培养研究人才以及引进海外高端人才。② 韩国政府通过"海外高级科研人员人才库计划"(Brain Pool)、"人才回国工程"(Brain Return Project)、"在韩研究奖学金"(Korea Research Fellowship,KRF)、"博士后总统奖学金"(Presidential Post-Doctoral Fellowship Program)等项目,聘用优秀的海外学者以提高韩国的全球科研竞争力。

(一)韩国政府出台的学术人才国际流动政策
1. 海外高级科研人才库计划

1994年,韩国教育科学技术部开始实施旨在招揽国外高级人才的引智计划——"海外高级科研人才库计划",通过该计划构建国际共同研究平台,应对世界化、信息化潮流,提高国家竞争力。"海外高级科研人员人才库计划"旨在通过邀请聘用海外高端科学工作者到韩国共同研究开发,满足韩国科学技术发展需求,提升国内科学技术人才的整体水平;为接轨世界级研究型大学、世界级研究中心、全球研究实验室等大型国际共同研究工程,提供国际人才库;扩大产业实体的参与,促进产学研均衡发展。③

---

① National Research Foundation. South Africa/China joint research programme[EB/OL]. [2020 – 12 – 20]. https://www.nrf.ac.za/funding/framework-documents/funding-framework-documents.
② 李秀珍,孙钰.韩国海外人才引进政策的特征与启示[J].教育学术月刊,2017(6):81 – 87.
③ 李秀珍,孙钰.韩国海外人才引进政策的特征与启示[J].教育学术月刊,2017(6):81 – 87.

人才库面向所有科技领域,为海外青年研究人员提供工资、生活费用以及机构补助。资助分为两种类型:对于一类研究员,每年最高资助7 000万韩元;对于二类研究员,每年最高资助4 000万韩元。最长资助年限为5年。①

2. 人才回国工程

韩国教育部和未来部为了吸引高级科技人才回国工作,实施"人才回国工程",同时加大政府的财政投入。截至2017年,"人才回国工程"计划引进500名世界级著名科学家在韩国基础科学研究院(Institute of Basic Science,IBS)工作。②

3. 在韩研究奖学金

2014年未来部设立"在韩研究奖学金"吸引海外优秀人才,从研究生培养到新兴研究员成长,再到发展为中坚力量的研究员,最大限度为海外优秀新兴研究者提供资助保障。"在韩研究奖学金"项目的设立效仿了英国的"牛顿国际奖学金",是韩国政府为了吸引处于职业生涯早期的海外优秀人才实施的政策。该奖学金支持那些逐渐扩大与韩国交流的发展中国家、发达国家的年轻人才,以及在海外同胞中优秀的硕士、博士及新兴研究者,③为海外青年研究人员提供工资、生活费用以及机构补助。在韩奖学金资助分为两种类型:对于一类研究员,每年最高资助7 000万韩元;对于二类研究员,每年最高提供4 000万韩元。最长资助年限为5年。④

4. 博士后总统奖学金

韩国教育部为了吸引理工学科领域海外高级研究人才回国,在申请"博士后总统奖学金"资助项目时,对在国外研修中取得优秀成果的研究人才给予重点推荐。⑤ "博士后总统奖学金"为培训和研究费用提供支持,每年资助1.3亿韩元,资助期限为五

---

① National Research Foundation. Brain pool[EB/OL].[2020-12-20].https://www.nrf.re.kr/eng/page/eeb9d536-dd80-48b9-aca9-3ee99a1de417.
② 李秀珍,孙钰.韩国海外人才引进政策的特征与启示[J].教育学术月刊,2017(6):81-87.
③ 李秀珍,孙钰.韩国海外人才引进政策的特征与启示[J].教育学术月刊,2017(6):81-87.
④ National Research Foundation. Korea research fellowship[EB/OL].[2020-12-20].https://www.nrf.re.kr/eng/page/78339ce7-22b8-4d0c-b513-dbad48d3b778.
⑤ 李秀珍,孙钰.韩国海外人才引进政策的特征与启示[J].教育学术月刊,2017(6):81-87.

年。申请者需要在国内外大学取得博士学位不超过五年,年龄不超过 39 岁。[1]

(二) 基金会支持下的学术人才国际流动项目

在韩国国家研究基金会(National Research Foundation of Korea, NRF)支持下的"NRF 联合研究项目"(NRF Joint Research Program),又名"研究员交换项目"(Researcher Exchange),支持韩国与国际研究人员(与 NRF 签署谅解备忘录的国家)之间的研究交流,为开展联合研讨会、人力资源交流等多种形式的交流活动提供机会,有效满足国际合作的需求,为今后的合作研究奠定基础。资助金额如下表。[2]

表 1-3　NRF 联合研究项目

国　家	领　域	金额/每年 (100 万韩元)	时长
印度尼西亚	不限	机票、生活津贴	2 周
泰国	不限	机票、生活津贴	30 天
越南	科学技术	15	2 年
	不限	20	2 年
新加坡	科学技术	机票、生活津贴	7 天
瑞士	不限	机票、生活津贴	3 个月
法国	不限	10	2 年
意大利	科学技术	10	2 年
俄罗斯	不限	20	2 年
比利时	不限	20	2 年
白俄罗斯	科学技术	20	2 年
土耳其	不限	20	2 年
捷克	不限	20	2 年

---

[1] National Research Foundation. Presidential post-doctoral fellowship[EB/OL].[2020-12-20].https://www.nrf.re.kr/eng/page/91445256-4158-474b-b5ed-0aeabe33f047.
[2] National Research Foundation. NRF joint research program[EB/OL].[2020-12-20]. https://www.nrf.re.kr/eng/page/e4d25a63-185e-4589-86fb-53798dad9def.

续 表

国　家	领　域	金额/每年 （100 万韩元）	时长
奥地利	指定	机票、生活津贴	3 个月
	指定	40	2 年
挪威	不限	20	2 年
坦桑尼亚	科学技术	30	2 年
南非	不限	20	2 年
阿根廷	不限	30	2 年

韩国研究基金会(Korea Research Foundation)提供的国际研究人员交换项目(Exchange of International Researchers)资助优秀的新兴科学家和优秀的外国研究生，申请者需在韩国科学和技术领域工作或学习 2—4 年。对于科学家，每月可获得 1 000—1 500 美元的资助；对于研究生，每月可获得 700—900 美元的奖学金。[1] 韩国研究基金会也为"教授海外访问项目"(Overseas Study Visits of Professors)提供资助，允许韩国各个研究领域的本土大学教授在海外大学或研究机构开展六个月或一年的访学。为期六个月的研究访问资助金额为 15 000 美元，为期一年的访问资助金额为 25 000 美元。[2]

韩国科学与工程基金会（Korea Science and Engineering Foundation，KOSEF)为外国研究人员提供 6—12 个月的"博士后研究奖学金"(Post-doctoral fellowships)，在韩国导师的指导下，在专业领域开展科研工作。[3] 此外，韩国科学与工程基金会和 33 个国家的 35 个组织之间达成协议，实行"科学家交换计划"(Scientist Exchange)，本地研究人员（教授或博士）在海外知名大学或研究机

---

[1] Organisation for Economic Co-operation and Development. The global competition for talent：Mobility of the highly skilled[R]. Paris：OECD Publishing，2008.
[2] Organisation for Economic Co-operation and Development. The global competition for talent：Mobility of the highly skilled[R]. Paris：OECD Publishing，2008.
[3] Organisation for Economic Co-operation and Development. The global competition for talent：Mobility of the highly skilled[R]. Paris：OECD Publishing，2008.

构进行研究访问时,可获得差旅费和生活费用的经费支持。访问时长通常为一个月。①

(三) 基于国际合作的学术人才国际流动项目

"国际合作研究计划"(International Collaborative Research)为韩国研究人员在顶尖的海外大学和研究中心接受培训和开展研究提供资助。该计划下设四个子项目:一是,在科学技术领域,新兴研究人员赴海外研究中心开展为期一年的访问,每人每年资助 2.5 万美元;二是,下一代学者 6—12 个月的外派,每人每年资助 2.5 万美元;三是,与当地研究人员开展 6—12 个月的设备合作,每个项目每月资助 3 600 美元;四是,面向所有领域,与海外指定研究机构开展为期 1—3 年的合作研究,资助 2 万美金,并提供两周到三个月的学者交流差旅费和生活费。②

"韩中青年科学家交流项目"(Korea-China Young Scientist Exchange)旨在支持合作研究,向受邀青年科学家提供每月 1 700 美元资助,向韩国的邀请机构提供每年 1 000 美元资助,访问时间为 6—12 个月③。"韩中青年研究者交流项目"(Korea-China Young Researcher Exchange Program)旨在通过中韩两国青年科学家的定期交流,建立双边科技合作,提高两国科技水平,交流期限为 6 个月到 1 年,要求申请人年龄在 40 岁以下。该项目为赴韩的中国研究员每年提供 3 100 万韩元作为在韩国的生活费;为赴中的韩国研究员每年提供 125 000 元的人民币作为在中国的生活费用以及往返机票。④

与之类似,还有"韩德洪堡基金研究员交流合作项目"(Korea-Germany AvH⑤ Researcher Exchange Cooperation Program)、"韩法合作发展计划"(Korea-

---

① Organisation for Economic Co-operation and Development. The global competition for talent: Mobility of the highly skilled[R]. Paris: OECD Publishing, 2008.
② Organisation for Economic Co-operation and Development. The global competition for talent: Mobility of the highly skilled[R]. Paris: OECD Publishing, 2008.
③ Organisation for Economic Co-operation and Development. The global competition for talent: Mobility of the highly skilled[R]. Paris: OECD Publishing, 2008.
④ National Research Foundation. Korea-China young researcher exchange program[EB/OL].[2020-12-20].https://www.nrf.re.kr/eng/page/c30dd1a3-146a-46c1-b2c1-f3cce46466b1.
⑤ AvH 是 Alexander von Humboldt Foundation 的缩写。

France Cooperative Development Program)、"韩西合作发展计划"(Korea-Spain Cooperative Development Program)、"韩瑞青年研究员项目"(Korean-Swiss Young Researchers' Program)等一系列学术人才国际流动计划,为研究者开展国际交流提供生活费与机票等支持。

四、中国

自20世纪90年代以来,中国政府先后出台了一系列促进学术人才国际流动的相关政策,包括"长江学者奖励计划""百人计划""国家杰出青年科学基金项目""国家公派高级研究学者、访问学者、博士后项目"等,以及"留学回国人员科研启动经费"等资助项目。

(一)长江学者奖励计划

1998年,为延揽海内外中青年学界精英,教育部提出"长江学者奖励计划",2011年教育部印发《"长江学者奖励计划"实施办法》决定实施新的"长江学者奖励计划"。长江学者实行岗位聘任制。高等学校设置特聘教授、讲座教授岗位,面向海内外公开招聘。每年聘任特聘教授150名,聘期为五年;讲座教授50名,聘期为三年。特聘教授的海外应聘者一般应担任高水平大学副教授及以上职位或其他相应职位,国内应聘者应担任教授或其他相应职位。特聘教授奖金为每人每年20万元人民币;讲座教授奖金为每人每月3万元人民币,按实际工作时间支付。[①]

特聘教授基本条件:自然科学类、工程技术类人选年龄不超过45周岁,人文社会科学类人选年龄不超过55周岁;一般具有博士学位,在教学科研一线工作;海外应聘者一般应担任高水平大学副教授及以上职位或其他相应职位,国内应聘

---

① 教育部.教育部关于印发《"长江学者奖励计划"实施办法》的通知[EB/OL].(2011-12-28) [2020-12-20]. http://www.moe.gov.cn/srcsite/A04/s8132/201112/t20111215_169948.html.

者应担任教授或其他相应职位;胜任核心课程讲授任务,学术造诣高深,在科学研究方面取得国内外同行公认的重要成就;具有创新性、战略性思维,具有带领本学科赶超或保持国际先进水平的能力;具有较强的领导和协调能力,能带领学术团队协同攻关;恪守高等学校教师职业道德规范,具有拼搏奉献精神;聘期内全职在受聘高校工作;应在签订聘任合同后一年内全职到岗工作。

讲座教授基本条件:在海外教学科研一线工作,一般应担任高水平大学教授职位或其他相应职位;学术造诣高深,在本学科领域具有重大影响,取得国际公认的重大成就;诚实守信、学风严谨、乐于奉献、崇尚科学精神;每年在国内受聘高校工作两个月以上。

(二)百人计划

1994年中国科学院提出"百人计划"的战略构想,坚持引进杰出人才与青年优秀人才相结合,坚持引进科研人才与工程技术人才相结合,强调各类人才的协同发展,以提高中国科学院科技队伍创新能力和国际竞争力。

"百人计划"面向海外公开招聘,2015年中科院发布的率先行动"百人计划"管理办法明确重点支持以下三类人才:学术帅才、技术英才、青年俊才,简称A、B、C类。支持经费主要包括院人才专项经费和基建经费,用人单位根据情况提供一定的启动经费支持。A类应具有在海外知名大学、国际知名科研机构或企业担任教授及相当职位的任职经历;在本学科领域有较深的学术造诣,具有广泛的国际学术影响力,受到国际同行的普遍认可;年富力强,具有领军才能和团队组织能力。A类入选者人才专项经费700万元(含组建团队经费300万元),基建经费100万元。

B类应为掌握关键技术,在海外从事工程技术类研发,或从事重大科学装置建设、仪器设备研发等相关工作三年(含)以上的中青年杰出人才;能够解决关键技术问题、推动技术创新,并取得过一流成果。B类入选者人才专项经费100—200万元,基建经费60万元。

C类应为具有博士学位,在海外知名大学、科研机构等学习或工作三年(含)

以上的优秀青年人才,特别优秀的,海外学习或工作年限可适当放宽;在本研究领域已崭露头角,做出过具有突出创新思想的研究成果;具有优良的科技创新潜质和较好的团队协作能力;申报时取得博士学位时间未超过五年。C 类候选人人才到位工作两年内,专项经费 80 万元;用人单位提供给 C 类候选人科研启动经费不少于 50 万元。通过中国科学院择优支持评审后,给予 C 类入选者人才专项经费 200 万元,基建经费 60 万元。①

2018 年百人计划做了相应调整,不再按照 A、B、C 三类,审批流程也做出了相应的调整。用人单位结合自身发展需求,自主设置岗位招聘人才。

(三) 国家自然科学基金委员会下设项目

1. 国家杰出青年科学基金项目

1994 年,国家自然科学基金委员会设立"国家杰出青年科学基金项目",支持在基础研究方面已取得突出成绩、开展创新研究的青年学者,促进青年科学技术人才的成长,吸引海外人才,培养和造就一批进入世界科技前沿的优秀学术带头人。申请人在申请当年未满 45 周岁;具有高级专业技术职务(职称)或者具有博士学位;具有承担基础研究课题或者其他从事基础研究的经历;与境外单位没有正式聘用关系;保证资助期内每年在依托单位从事研究工作的时间在九个月以上。

2020 年国家杰出青年科学基金项目试行经费"包干制",不再区分直接费用和间接费用,每项资助经费为 400 万元(数学和管理科学每项 280 万元)。2020 年计划资助 300 项,资助期限为五年。②

2. 国际(地区)合作研究与交流项目

该项目旨在资助科学技术人员立足国际科学前沿,有效利用国际科技资源,

---

① 中国科学院.中国科学院率先行动"百人计划"管理办法[EB/OL].(2015 - 06 - 01)[2020 - 12 - 20]. http://www.iap.cas.cn/gb/jgsz_165339/glxt/jhcwc_165395/kyjfgl/zkyzd/202012/t20201229_5848161.html.
② 国家自然科学基金委员会.国家杰出青年科学基金项目[EB/OL].[2020 - 12 - 20]. http://www.nsfc.gov.cn/publish/portal0/xmzn/2020/08/.

本着平等合作、互利互惠、成果共享的原则开展实际性的国际（地区）合作研究与学术交流，提高我国科学研究水平和国际竞争力。截至 2020 年，国际（地区）合作研究与交流项目包括重点国际（地区）合作研究项目、组织间国际（地区）合作研究和交流项目，以及外国研究学者青年基金项目三个子项目。

(1) 重点国际（地区）合作研究项目

"重点国际（地区）合作研究项目"资助科学技术人员围绕科学基金优先资助领域、我国迫切需要发展的研究领域、我国科学家组织或参与的国际大学科学研究项目，利用国际大学科学设施与境外合作者开展国际合作研究。合作者需要在境外从事科学研究，并独立主持实验室或重要的研究项目；具有所在国相当于副教授以上的专业技术职务。2019 年重点国际（地区）合作研究项目申请 559 项，资助 103 项，资助直接费用 25 000 万元，资助期限为五年。[①]

(2) 组织间国际（地区）合作研究和交流项目

"组织间国际（地区）合作研究与交流项目"包括组织间合作研究项目、组织间合作交流项目，是自然科学基金委与境外资助机构（或研究机构和国际科学组织）共同组织、资助科学技术人员开展的双（多）边合作研究与学术交流项目。目前自然科学基金委与境外 51 个国家（地区）的 97 个对口资助或研究机构签署了合作协议或谅解备忘录。[②]

(3) 外国研究学者青年基金项目

"外国研究学者青年基金项目"支持外国青年学者在科学基金资助范围内自主选题，在中国开展基础研究工作，促进外国青年学者与中国学者之间开展长期、稳定的学术合作与交流。该项目包括一年和两年两类，资助直接费用分别为 20 万元和 40 万元。项目负责人需要未满 40 周岁，具有博士学位，具有从事基础研究或博士后研究工作经历，保证资助期内在依托单位开展研究工作。根据研究工作

---

① 国家自然科学基金委员会.重点国际（地区）合作研究项目[EB/OL].[2020-12-20].http://www.nsfc.gov.cn/publish/portal0/xmzn/2020/12/info77116.htm.
② 国家自然科学基金委员会.组织间国际（地区）合作研究和交流项目[EB/OL].[2020-12-20].http://www.nsfc.gov.cn/publish/portal0/xmzn/2020/12/info77115.htm.

需要可以提出一次延续资助的申请。2019年拟资助150位,延续资助约20位外国青年学者,直接资助约4 500万。①

(四)国家公派高级研究学者、访问学者、博士后项目

"国家公派高级研究学者、访问学者、博士后项目"由国家留学基金管理委员会管理,基金主要来源于国家留学基金计划的财政专款,同时也接受境内外友好人士、企业、社会团体及其他组织的捐赠、资助。2021年计划选派2 700人。选派类别包括高级研究学者、访问学者和博士后,主要派往教育、科技发达国家的知名院校、科研院所、实验室等机构。

高级研究学者的留学期限为3—6个月,访问学者的留学期限为3—12个月,博士后的留学期限为6—24个月。国家留学基金为留学人员提供一次往返国际旅费和资助期限内的国家公派留学人员奖学金。国家公派留学人员奖学金主要用于资助国家公派出国留学人员在外学习生活的经费,包括伙食费、住宿费、注册费、板凳费(bench fee)、交通费、电话费、书籍资料费、医疗保险费、交际费、一次性安置费、签证延长费、零用费、手续费和学术活动补助费等。②

(五)留学回国人员科研启动经费

教育部"留学回国人员科研启动经费"设立于1990年,旨在促进留学回国人员的教学、科研工作的开展,帮助其度过刚回国时的过渡阶段。资助对象应为在外留学三年以上并在外获博士学位或在国内获博士学位后在外留学一年(含一年)以上,45岁以下,回国后从事教学、科研工作的优秀留学回国人员。③④ 留学回

---

① 国家自然科学基金委员会.外国研究学者青年基金项目[EB/OL].[2020-12-20].http://www.nsfc.gov.cn/nsfc/cen/xmzn/2019xmzn/11/03.html.
② 国家留学基金管理委员会.2021年国家公派高级研究学者、访问学者、博士后项目选派办法[EB/OL].[2020-12-20].https://www.csc.edu.cn/article/1943.
③ 教育部.教育部留学回国人员科研启动基金管理规定[EB/OL].(2002-05-15)[2020-12-20].http://www.moe.gov.cn/s78/A20/s3116/s3123/201002/t20100202_82578.html.
④ 教育部.教育部留学回国人员科研启动基金[EB/OL].[2020-12-20].http://www.moe.gov.cn/s78/A20/s8359/moe_864/tnull_1191.html.

国人员科研启动基金仅用于解决优秀留学人员回国后的科研启动问题,并且原则上只资助一次,极少数优秀拔尖人才除外。对已获资助后再次出国的留学回国人员,一般也不再资助。"留学回国人员科研启动经费"于2015年停止申请。

第四节 学术流动政策的国际比较分析

发达国家与新兴经济体国家在科学研究、高等教育、大学建设发展上处于不同的发展阶段,发达国家长期处于领跑态势,所以对学术人才国际流动的定位与推进,更大程度上出于科学文化交流、意识形态与技术推广、国际援助等考量。在高等教育全球化与国际化趋势下,一些新兴经济体国家,如中国、韩国,开始努力建设世界一流大学[1][2]或追求研究卓越[3],将在高等教育和研究领域的全球竞争作为国家战略中的一个主要优先事项,成为国家政府制定政策和推动学术人才国际流动的一个重要动力。而在南非和巴西等新兴经济体国家,即使最精英的大学目前也仍是地方性的,国际学术流动的项目计划更多根据各国内部的问题和需求提出,根据具体情况而在不同的时间点出现,缺少明确的框架、战略或共同的愿景来支撑。[4] 总体而言,发达国家学术人才国际流动的政策体系更为系统、完善,其次是中国、韩国等全球竞争参与程度较高的新兴经济体国家,最后是全球竞争参与相对有限的新兴经济体国家。具体而言,发达国家与新兴经济体国家在政策制定主体、实施目的与服务对象划分三个方面存在一定差异。

---

[1] Salmi J. The challenge of establishing world-class universities. [M]. Washington, D. C.: World Bank Publications, 2009.
[2] Altbach P G, Balán J. World-class worldwide: Transforming research universities in Asia and Latin America.[M]. Baltimore, MD: Johns Hopkins University Press, 2007.
[3] Carnoy M, Loyalka P, Dobryakova M, et al. University expansion in a changing global economy: Triumph of the BRICs? [M]. Stanford, CA: Stanford University Press, 2013.
[4] Sá C. International collaboration in Brazilian higher education[J]. Frontiers of Education in China, 2015, 10(1): 7-22.

一、政策制定主体：政府主导，还是基金会、专业学会等多元主体

关于政策制定主体，新兴经济体国家的学术人才国际流动政策存在一个共同特征：制定与实施过程由国家主导。这在某种程度上与政府是这些公立大学最大的资金来源有关。

在中国政府先后出台的一系列促进学术人才国际流动的相关政策中，"长江学者奖励计划""留学回国人员科研启动经费"由教育部设置并负责实施管理。"百人计划"由中国科学院提出实施，中国科学院为国务院直属事业单位，是中国自然科学最高学术机构、科学技术最高咨询机构。"国家杰出青年科学基金项目""国际（地区）合作研究与交流项目"均由国家自然科学基金委员会设立。不同于欧美国家的基金会，国家自然科学基金委员会是事业单位，由中华人民共和国科学技术部主管。"国家公派高级研究学者、访问学者、博士后项目"由国家留学基金管理委员会管理，是直属于教育部的非营利性事业法人单位，基金主要来源于国家留学基金计划的财政专款。

与中国相似，巴西的"科学无国界计划"由巴西教育部下设的高等教育人才发展协调基金会和科技部下设的国家科学技术发展委员会共同启动。南非的"首席研究员计划"由南非科学技术部和国家研究基金会设立，南非的国家研究基金会是由国会法案授权，负责实施人力资源开发计划和供应研究基础设施的机构。韩国的"海外高级科研人员人才库计划""人才回国工程""在韩研究奖学金""博士后总统奖学金"等计划也是通过韩国政府发起并实施，通过聘用优秀的海外学者，提升国家的全球科研竞争力。

与中国、韩国、巴西、南非等新兴经济体国家不同，发达国家的学术人才国际流动项目计划，虽然与政府也存在密切联系，但更多在基金会、专业学会等独立团体组织下管理运作。如英国的"牛顿高级研究员资助项目""牛顿国际资助计划""牛顿流动基金"，以及"皇家学会沃尔夫森资助项目""皇家学会沃尔夫森访问学者资助项目"分别是在英国皇家学会的牛顿基金和沃尔夫森基金下设立。英国皇

家学会成立于1660年,全称"伦敦皇家自然知识促进学会",是英国资助科学发展的组织,得到皇家的各种特许证,是英国最高科学学术机构。英国皇家学会是一个独立社团,不对政府任何部门负正式责任,不必经过政府批准。除了英国皇家学会,英国科学院、皇家工程院、生物技术和生物科学研究理事会、经济和社会研究理事会、工程和物理科学研究理事会、英国文化协会等专业机构也为学术人才国际流动提供了一系列项目资助。

又如澳大利亚的"澳大利亚奖桂冠研究员计划""未来资助计划""职业早期研究员发现奖""发现项目"等主要学术人才国际流动计划,均由澳大利亚研究理事会负责管理。该理事会前身为澳大利亚研究资助委员会,其最初是由联邦教育办公室负责的一个跨部委员会,为联邦政府的科研资助提供有关建议。随着全球向知识经济时代的迈进和研究重要性的日益加强,澳大利亚政府颁布白皮书,将澳大利亚研究资助委员会定性为一个独立的实体,并于2001年出台了《澳大利亚研究资助委员会法案》。新法案提名一位在澳大利亚科学界享有盛名、备受研究同行推崇的人士作为澳大利亚研究理事会兼职主席,指定一名在研究和研究管理方面作出过杰出贡献的人士作为澳大利亚研究理事会首席执行官,其职责包括日常项目管理,理事会的战略发展、计划建议,以及对各类项目计划进行合理有效的行政管理。[①]

二、政策实施目的:人才引进、回流,还是国际援助

关于政策实施目的,新兴经济体国家,尤其是积极参与国际竞争,致力建设世界一流大学的中国、韩国等国家,学术人才国际流动政策的重点在于引进世界顶尖的科学家与研究者,兼顾吸引在海外工作的本国优秀学术人才的回流。而发达国家在引进顶尖学者的同时,还将学术人才国际流动的项目计划作为一种国际援

---

① 唐伟华,王国骞,韩宇.澳大利亚研究理事会资助管理办法概论[J].中国科学基金,2009,23(06):55-58.

助的政策工具,而国际援助本身具有一定的科学技术与文化价值的输出功能。

在中国政府先后出台的一系列促进学术人才国际流动的相关政策中,"长江学者奖励计划"旨在加强高等学校高层次人才队伍建设,吸引和培养一批具有国际影响的学科领军人才。"百人计划"将引进杰出人才与青年优秀人才相结合。"国家杰出青年科学基金项目"支持在基础研究方面已取得突出成绩、开展创新研究的青年学者,吸引海外人才,培养和造就一批进入世界科技前沿的优秀学术带头人。

韩国在20世纪70年代和80年代将引进对象的重点放在海外学习和工作的韩国科学技术人员上,90年代以后韩国政府通过"海外高级科研人员人才库计划""人才回国工程"等一系列项目计划,将引进人才工作重点转向培养研究人才及引进海外高端国际人才。[①] 南非的"首席研究员计划"旨在吸引和留住优秀的研究人员和科学家;既包括在其领域已经获得国际认可、具有重大研究贡献的知名研究人员,也包括有所建树、其研究贡献有可能在未来五到十年内获得国际认可的研究人员;既包括工业界和国外人才,也包括散居海外的非洲学者和南非人。巴西的"科学无国界计划"旨在通过本科生、研究生和研究人员的国际流动,增加国际顶尖研究机构中来自巴西的学生、科学家和行业人员;吸引年轻的研究人员和国际公认的研究引领者来到巴西;促进在海外工作的巴西科学家回流。

一方面,与新兴经济体国家类似,发达国家推动学术人才国际流动也包含吸引世界顶尖学者。如英国"皇家学会沃尔夫森资助计划"致力于招聘和吸引海外优秀的研究领袖到英国,以帮助英国最好的大学和研究机构在具有战略重要性的领域取得卓越成就;"皇家学会沃尔夫森访问学者资助项目"为来自世界各地的杰出的国际研究引领者利用公休假在英国大学或研究机构开展研究提供机会。又如,加拿大的"首席研究员计划"通过吸引和留住世界一流的研究人员来加强加拿大的研究能力和抵消人才流失的压力,既包括吸引所在领域内被同行认可为世界领导者的杰出研究人员,也包括在其领域处于领先地位、具有发展潜力的新兴研

---

① 李秀珍,孙钰.韩国海外人才引进政策的特征与启示[J].教育学术月刊,2017,(6):81-87.

究人员。

　　另一方面,与新兴经济体国家有所不同,许多发达国家将学术人才国际流动的项目计划作为一种国际援助的政策工具。以英国和加拿大为例。英国皇家学会的牛顿基金是英国官方援助承诺的一部分,通过"牛顿高级研究员资助项目"支持在伙伴国家的国际研究人员建立和发展与英国的合作,将知识和研究能力转移给伙伴国家,主要面向巴西、土耳其;通过传授新技能和创造新知识,为促进合作伙伴国家的经济发展和社会福祉作出贡献;通过培训、合作、互访以及从英国转移知识和技能,加强合作伙伴国家的研究卓越性;在伙伴国家和英国最好的研究团队和网络之间建立联系,以确保研究能力的长期可持续增长。与之类似,还有针对巴西、土耳其、泰国的"牛顿流动基金",旨在通过提供旅行、生活和研究费用资助,为伙伴国家/地区的研究者探索和建立持久合作网络提供短期访问的机会,或为推动新的合作提供双边访问。又如,加拿大针对印度、巴基斯坦、孟加拉国、斯里兰卡和尼泊尔设立的"加拿大-发展中国家卫生项目",其长期目标是使来自加拿大国际开发署和联合国中低收入国家的有发展前途的科学家和临床医生能够接触到加拿大最好的实验室和培训环境。

三、政策服务对象的划分依据:生理年龄,还是职业发展阶段

　　关于政策服务对象的划分依据,新兴经济体国家,尤其是中国,通常以研究者的生理年龄作为申请资格的一道门槛。"长江学者奖励计划"申请特聘教授的第一条基本条件即"申报当年1月1日,自然科学类、工程技术类人选年龄不超过45周岁,人文社会科学类人选年龄不超过55周岁"。[①] "国家杰出青年科学基金项目",申请人需要在申请当年1月1日未满45周岁;"外国研究学者青年基金项目"的项目负责人需要未满40周岁;留学回国人员科研启动经费资助对象应在45岁

---

① 教育部.教育部关于印发《"长江学者奖励计划"实施办法》的通知[EB/OL].(2011-12-15)[2020-12-20].http://www.moe.gov.cn/srcsite/A04/s8132/201112/t20111215_169948.html.

以下,等等。虽然中国的不少人才计划会区分出"青年"项目,但在申请资格中最终还是设置了年龄界限。同处亚洲文化圈的韩国在人才政策中也呈现类似的特点,如"博士后总统奖学金"的申请者需要在国内外大学取得博士学位不超过五年,年龄不超过39岁。"韩中青年研究者交流项目"要求申请人年龄在40岁以下。

与中国、韩国等新兴经济体国家不同,发达国家的学术人才国际流动政策体系的设计通常与不同职业发展阶段研究者相对应。如澳大利亚"发现计划"下设的"澳大利亚桂冠研究员计划""未来资助计划",以及"职业早期研究员发现奖"分别对应了职业成熟期、中期与早期的研究者。其中,"澳大利亚桂冠研究员计划"主要吸引和留住具有国际声誉的优秀研究人员和研究带头人,只向高质量研究人员开放申请,支持世界级研究人员在澳大利亚进行研究,优先考虑在提升澳大利亚研究能力、国际竞争力方面持续发挥重要领导作用的研究人员。"未来资助计划"支持处于职业发展中期的优秀研究人员在国家和国际重大需求领域进行高质量的研究。"职业早期研究人员发现奖"为教学和研究领域的处于职业早期的研究人员提供重点研究支持,为有潜力的早期研究人员的职业发展提供机会。

新加坡的"国家研究基金资助计划""国家研究基金研究员计划""新加坡科学家回国计划"也呈现出以职业发展阶段来划分政策服务对象的这一趋势。其中,"国家研究基金资助计划"是一个早期职业奖,为来自世界各地的杰出青年科学家提供在新加坡进行独立研究的机会。任何国家处于研究生涯早期阶段的优秀研究人员,在任何科学和技术学科获得博士学位,并具备独立从事研究工作能力的研究人员,均可申请。[1] "国家研究基金研究员计划"支持那些已在各自研究领域拥有卓越的研究成果,作为研究领域发展引领者的少数优秀研究人员。该计划为已经有所建树、具有创新意识的科学家和研究人员在职业生涯中期从事突破性的、高风险的研究提供机会。[2] "新加坡科学家回国计划"寻求与吸引

---

[1] National Research Foundation. NRF fellowship[EB/OL].[2020-12-20]. https://www.nrf.gov.sg/funding-grants/nrf-fellowship.
[2] National Research Foundation. NRF investigatorship[EB/OL].[2020-12-20]. https://www.nrf.gov.sg/funding-grants/nrf-investigatorship.

身在海外的杰出的新加坡研究领袖回到新加坡,在新加坡的自治大学和公共研究机构担任领导职务。①

第五节 小结与建议

一、本章小结

学术人才国际流动政策促成了全球优质智力资源在世界范围内的有序流动。新兴经济体国家在建设世界一流大学的过程中通常对欧美发达国家的大学有所参照,在如何汇聚世界一流的研究人才,促进学术人才国际流动这一问题上也不例外。例如,在引进世界高水平人才方面,南非借鉴加拿大的"首席研究员计划"于2006年也设立了"首席研究员计划",根据候选人的研究经历,设立一级和二级首席研究员,既引进已经获得国际认可的杰出研究人员,又引进有所建树、具有发展潜力的研究人员。在青年人才引进方面,韩国政府效仿英国的"牛顿国际资助计划"于2014年设立了"在韩研究奖学金",支持那些逐渐扩大与韩国交流的发展中国家、发达国家的年轻人才,以及海外同胞中优秀硕士、博士及新兴研究者。

另一方面,研究发现新兴经济体国家在对发达国家进行学习借鉴的同时,也受到自身国家经济、社会发展阶段与需求,以及文化制度因素的影响,与发达国家在政策制定主体、实施目的与服务对象划分依据三个方面存在一定差异。首先,鉴于新兴经济体国家政府作为公立大学最大的资金来源,其学术人才国际流动政策存在一个共同特征:制定与实施过程由国家主导;发达国家的国际学术流动政策的制定虽然也与政府存在紧密联系,但更大程度由相对独立的专业学会与基金会发起并运作。其次,在政策实施目的上,新兴经济体国家,尤其是积极参与国际

---

① National Research Foundation. Returning Singaporean scientists scheme[EB/OL].[2020-12-20].https://www.nrf.gov.sg/programmes/returning-singaporean-scientists-scheme.

竞争,致力建设世界一流大学的国家,学术人才国际流动政策的重点在引进世界顶尖科学家与研究者,兼顾吸引在海外工作的本国优秀学术人才的回流。而发达国家在全球范围内引进顶尖学者的同时,还将学术人才国际流动的项目计划作为一种国际援助的政策工具,将国际学术流动赋予国际援助功能。第三,在政策服务对象划分依据上,与中国、韩国等新兴经济体国家在申请资格中明确规定了年龄上限有所不同,发达国家的学术人才国际流动政策体系设计更加体现对研究者所处不同职业发展阶段的关照,而非以生理年龄作为界线。基于政策文本的国际比较分析,本研究提出以下建议,以期对优化我国的学术人才国际流动政策、加快"双一流"建设有所助益。

二、政策建议

第一,推进分类施策与方式多元相结合的引才策略,加强人才流动的针对性。建议根据是否涉及国家科技安全等关键技术领域,采取不同的学术人才引进策略。对于涉及关键技术领域的学术人才,建议以全职引进为主。对未能全职引进且涉及关键技术领域的学术人才,探索与世界知名大学合作办学,通过设立分校或者建立国际校区的形式,打造世界级人才科研合作平台。发挥香港、澳门地区的大学及科研机构的特区优势,搭建国际合作桥梁,通过设立高级研究所为全球学术人才创造交流合作平台,或邀请其担任大学、院系国际顾问委员会委员。对于未涉及关键技术领域的学术人才,建议大胆创新工作思路和方法,主动出击。在海外设立人才引进办事处,派专人到全球知名大学物色对象,争取世界一流的学术人才来华担任客座教授;专门了解各国各领域顶尖人才的休假日期,争取在休假期间邀请其到中国访问、讲学等。

第二,引领全球学术人才流动规则制定,加强人才流动的规范性。建议增强我国人才引进政策与国际竞争规则、发达国家科技制度的协调性。加强法律保障与支持,谨慎处理可能因知识产权、技术转让和资格认定等问题产生的法律纠纷,妥善处理敏感研究领域的利益冲突。置身全球视野,融入全球网络,把握住与"一带一路"沿线国家科技合作的契机,积极引领全球人力资源流动与国际合作的规则制定,通过在海外设立研究机构与平台,构建全球科学发展命运共同体,吸引世界学术人才加盟,推动学术人才全球流动。

第三,建构更加年龄友好型的政策体系,加强人才流动的开放性。建议在学术人才国际流动政策的制定中,尽可能放宽甚至取消年龄限制,给予处在不同学术职业生涯阶段的研究者相对宽松灵活的流动机会。对于处在学术生涯早期的研究者,应该强调普惠性的支持,有效的国际流动可以为其培养学术兴趣、开拓研究领域、建立学术网络创造条件。对于进入学术职业中后期的研究者,年龄更不宜成为其学术流动的绊脚石,尤其对于那些产出周期漫长、需要潜心静气的基础研究学者,需要建构更加体现年龄友好倾向的弹性政策体系与制度环境。

◆ 第二章
国际学术流动类型与地域对知识生产的影响

第一节　国际学术流动与知识生产

学术人才国际流动作为一个较为复杂的动态循环系统,从以单向的"人才流失"或"人才回流"为主,转变为"人才流失""人才回流"与"人才环流"并存[①];相应理论也从"马太效应""零和游戏"等强调利益冲突、竞争关系的视角,拓展到"人力资本迁移""全球知识网络""人类命运共同体"等相对包容开放的宏观系统分析。在全球化背景下,学术人才国际流动为大学教师及其科研工作带来了机遇和挑战,也对我国在全球科学体系中的国际竞争力和话语权产生了深刻影响,因此本研究聚焦国际流动,对国际流动与知识生产的关系进行考察。下文将从知识生产的影响因素、国际流动对知识生产的影响两个方面进行综述。

一、知识生产的影响因素

不论是政府科研经费投入、经费分配等宏观政策制度因素[②][③],还是机构规模、

[①] 李梅.从边缘迈向中心:中国高等教育国际化发展之路[M].上海:华东师范大学出版社.2019:34.
[②] 温珂,张敬,宋琦.科研经费分配机制与科研产出的关系研究——以部分公立科研机构为例[J].科学学与科学技术管理,2013,34(4):10-18.
[③] Auranen O, Nieminen M. University research funding and publication performance — An international comparison[J]. Research Policy, 2010, 39(6): 822-834.

组织管理、学术氛围等中观组织机构因素[1][2][3],抑或是学科因素[4],均会对学者的知识生产产生影响。不过,已有研究更多聚焦在个体层面,尤其对年龄[5][6][7][8]、性别[9][10][11][12]两个先天因素进行了大量考察,也有中国学者探讨了职业压力[13]、职业流动[14]等个体心理或行为因素对知识生产的影响。

(一) 区域因素

区域因素主要体现在国家或地方科研财政投入政策、科研竞争机制等方

---

[1] Jordan J M, Meador M, Walters S J. Academic research productivity, department size and organization: Further results[J]. Economics of Education Review, 1989, 8(4): 345 – 352.
[2] 李璐.组织气氛对高校教师科研生产力的影响——基于中国 28 所公立高校的调查[J].教育学术月刊,2017(8): 41 – 49.
[3] 赵富强,陈耘,张光磊.心理资本视角下高校学术氛围对教师科研绩效的影响——基于全国 29 所高校 784 名教师的调查[J].高等教育研究,2015,36(4): 50 – 60.
[4] Wanner R A, Lewis L S, Gregorio D I. Research productivity in academia: A comparative study of the sciences, social sciences and humanities[J]. Sociology of Education, 1981: 238 – 253.
[5] 鲍威.我国研究型大学教师队伍年龄结构与科研产出的关系[J].高等教育研究,2020(5): 54 – 62.
[6] 魏钦恭,秦广强,李飞."科学是年轻人的游戏"?——对科研人员年龄与论文产出之间关系的研究[J].青年研究,2012(1): 13 – 23.
[7] Kyvik S. Age and scientific productivity: Differences between fields of learning[J]. Higher Education, 1990, 19(1), 37 – 55.
[8] Levin S G, Stephan P E. Age and research productivity of academic scientists[J]. Research in Higher Education, 1989, 30(5), 531 – 549.
[9] 朱依娜,何光喜.学术产出的性别差异:一个社会网络分析的视角[J].社会,2016(4): 76 – 102.
[10] 梁文艳,周晔馨.社会资本、合作与"科研生产力之谜"——基于中国研究型大学教师的经验分析[J].北京大学教育评论,2016(2): 133 – 156.
[11] Xie Y, Shauman K A. Sex differences in research productivity: New evidence about an old puzzle[J]. American Sociological Review, 1998: 847 – 870.
[12] Sax L J, Hagedorn L S, Arredondo M, et al. Faculty research productivity: Exploring the role of gender and family-related factors[J]. Research in Higher Education, 2002, 43(4): 423 – 446.
[13] 鲍威,王嘉颖.象牙塔里的压力——中国高校教师职业压力与学术产出的实证研究[J].北京大学教育评论,2012,10(1): 124 – 138.
[14] 魏立才,黄祎.学术流动对回国青年理工科人才科研生产力的影响研究——基于 Web of Science 论文分析[J].高等工程教育研究,2020(1): 67 – 73.

面。有研究使用73家公立科研机构的科研活动投入产出数据，对科研经费分配机制和知识生产的关系进行考察，发现竞争性科技项目经费投入对专利和论文的产出影响都不显著；来自企业的技术性收入仅对专利产出有显著正向影响；非竞争性的政府拨款预算对专利和论文的产出均有显著影响[①]。也有研究基于美国、德国等8个国家的研发支出和科研发表数据，分析政府的科研资助环境对学者知识生产的影响作用，研究认为竞争性的激励制度有效促进了这些国家的学者提升科研生产力[②]。石忆邵等人将研发经费分为科技经费、R&D经费和地方财政科技拨款三类，将其与专利和论文等知识生产做相关性分析，发现三类经费投入与专利授权量和科技论文产出量均存在显著正相关关系[③]。

（二）组织因素

组织因素关注高等教育机构内部对科研人员产生影响的环境因素，如院校规模、归属感、排名、组织声誉、管理特征等，均会对学者的知识生产数量和质量造成影响。约赫等人（Lawrence R. Jauch et al.）通过研究组织忠诚度、组织承诺对学术知识生产的影响，发现组织承诺高的学者科研发表也较多，而组织忠诚度与科研产出没有显著相关关系[④]。隆等人（Rebecca G. Long et al.）的研究发现，工作院校排名而非毕业院校与高质量期刊论文发表的数量和质量间具有较强的正相关关系[⑤]。李璐发现，良好的院校组织氛围也会对教师个体的知识生

[①] 温珂,张敬,宋琦.科研经费分配机制与科研产出的关系研究——以部分公立科研机构为例[J].科学学与科学技术管理,2013,34(4):10-18.

[②] Auranen O, Nieminen M. University research funding and publication performance—An international comparison[J]. Research Policy, 2010, 39(6): 822-834.

[③] 石忆邵,汪伟.上海市科技投入和产出绩效分析与对策建议[J].同济大学学报：社会科学版, 2006,17(2):105-111.

[④] Jauch L R, Glueck W F, Osborn R N. Organizational loyalty, professional commitment, and academic research productivity[J]. Academy of Management Journal, 1978, 21(1): 84-92.

[⑤] Long R G, Bowers W P, Barnett T, et al. Research productivity of graduates in management: Effects of academic origin and academic affiliation[J]. Academy of Management Journal, 1998, 41(6), 704-714.

产发挥正向作用,良性的组织氛围主要体现在组织目标清晰、扁平化的决策结构、有效的信息沟通、成就取向和支持性环境等方面;而绩效导向的组织气氛对科研生产力有显著的负影响[①]。李欢等人聚焦我国 40 个一流建设学科高校国家重点实验室中的 502 名青年教师,分析了科研晋升标准对高校青年教师专利和论文产出的影响,该研究认为,适度提高晋升标准,对青年教师的论文发表和科研合作均有显著的正向影响,但是这一影响也会因为学科的变化而产生差异[②]。

(三)学科因素

不同学科的知识生产模式有所差异,出版率相应也会存在不同,比如物理学、化学和生物学强调广泛的合作和实验研究,历史学等人文学科则注重时间资源的投入,心理学和社会学等社会学科注重社会实践等方面,这就决定了出版和研究周期的差异[③]。万纳等人(Richard Wanner et al.)研究发现,自然科学比社会科学容易获得科研资助,发表论文的能力更强;社会科学和人文科学基于其思想性较强的特征,发表著作的可能性更高[④][⑤]。此外,学科对知识生产的不同影响很大程度上与不同学科合作习惯和合作者规模有关。科研合作能够增加一定量的科研论文产出,合作参与人数越多,在一定程度上科研产出增加的可能性就越大[⑥]。所以那些更倾向合作、合作规模更大的学科,科研

[①] 李璐.组织气氛对高校教师科研生产力的影响——基于中国 28 所公立高校的调查[J].教育学术月刊,2017,(8):41-49.
[②] 李欢,杨希."双一流"建设学科团队青年教师晋升标准对科研产出的影响——基于高校国家重点实验室的调查分析[J].重庆高教研究,2019,7(05):45-56.
[③] Baird L L. What characterizes a productive research department? [J]. Research in Higher Education, 1986, 25(3): 211-225.
[④] Wanner R A, Lewis L S, Gregorio D I. Research productivity in academia: A comparative study of the sciences, social sciences and humanities[J]. Sociology of Education, 1981, 238-253.
[⑤] 李璐.组织气氛对高校教师科研生产力的影响——基于中国 28 所公立高校的调查[J].教育学术月刊,2017,(8):41-49.
[⑥] 刘苗苗,姜华,刘盛博,等.不同学科科研合作差异的比较研究——以 2017 年教育部创新团队 114 位带头人为例[J].科技管理研究,2019,39(16):100-107.

产出就越高。

(四) 个体因素

个体因素聚焦学者的性别和年龄等人口统计特征及部分认知和行为特征。关于性别,诸多研究验证了男性在科研生产力更具优势,已有研究试图从婚姻家庭状况、人力资本、时间投入、研究资源、职称职位、机构类型、社会网络、合作关系等方面解开这一"科研生产力之谜"[1][2][3][4]。关于年龄,虽然默顿曾提出了"科学是年轻人的游戏",但也有不少研究发现"科学是'长老'们的游戏"的说法似乎更符合当下的情况。霍纳等人 (Karen L. Horner et al.) 以男性心理学家为研究对象,发现男性学者在二十几岁时科研产出比较少,随后逐渐上升并在40岁左右时达到顶峰,转而又随着年龄的上升而逐渐下降[5]。刘俊婉等人发现,生物与遗传学、物理学两个学科领域内科学家论文发表的高峰期在40—55岁之间[6]。魏钦恭等人对理、工、农、医四类专业学科的科技工作者进行研究发现,理学和工学学科研究人员的年龄越大,论文产出越多。西方科学界所谓的"退化理论"没有得到数据的支持,至少从科研产出上来看,年长的研究人员并没有出现跟不上学科发展步伐、难以站在学术前沿的问题。[7]

此外,赵富强等人对我国29所高校中的784名高校教师开展问卷调查,研究

---

[1] Xie Y, Shauman K A. Sex differences in research productivity: New evidence about an old puzzle[J]. American Sociological Review, 1998: 847 - 870.
[2] Sax L J, Hagedorn L S, Arredondo M, et al. Faculty research productivity: Exploring the role of gender and family-related factors[J]. Research in Higher Education, 2002, 43(4): 423 - 446.
[3] 朱依娜,何光喜.学术产出的性别差异:一个社会网络分析的视角[J].社会,2016,(4): 76 - 102.
[4] 梁文艳,周晔馨.社会资本、合作与"科研生产力之谜"——基于中国研究型大学教师的经验分析[J].北京大学教育评论,2016(2): 133 - 156.
[5] Horner K L, Rushton J P, Vernon P A. Relation between aging and research productivity of academic psychologists[J]. Psychology and Aging, 1986, 1(4): 319.
[6] 刘俊婉,金碧辉.高被引科学家论文产出力的年龄分析[J].科研管理,2009(3): 96 - 103.
[7] 魏钦恭,秦广强,李飞."科学是年轻人的游戏"?——对科研人员年龄与论文产出之间关系的研究[J].青年研究,2012(1): 13 - 23.

发现教师心理资本韧性对其科研绩效的影响最大,教师的心理资本与其科研绩效存在显著正相关关系,并且在学术制度等因素对科研绩效产生的影响中发挥中介作用[①]。基于2007年北京市高校教师调查数据,有研究尝试从组织环境与个体特质两个层面,解释高校教师承受的职业压力对其职业发展的冲击,研究发现职业压力的加剧不仅不能有效促进教师科研生产力的提升,还会导致教师的职业倦怠[②]。除了上述因素,学者的国际流动、科研合作等行为也被证实对知识生产产生重要影响。

二、国际流动对知识生产的影响

关于国际流动对知识生产的影响,有研究对12个学科领域的中国高被引科学家样本进行分析发现,不论留学还是访学流动,均对国际论文总数以及高影响因子论文数存在显著正向影响[③]。鉴于不同学科之间在知识生产的周期与体量上存在较大差异,余广源与范子英对我国财经类高校经济类学科的全职海归教师国际流动经历与英文论文发表数据进行分析,研究发现海归博士毕业所在学校的排名不仅对海归教师的发文数量具有正向影响,还会提高其发表论文的影响力,而且那些博士毕业后在国外任职多年、有一定科研成果的学者,归国后发表的论文数明显高于那些刚毕业就回国、在国外没有科研成果的学者[④]。不同学科情况也会有所不同。对我国研究型大学教育学院/部的教师开展的研究发现,不论个体层面还是机构层面;不论在发表中文论文的数量和质量上,还是在发表英文论文

[①] 赵富强,陈耘,张光磊.心理资本视角下高校学术氛围对教师科研绩效的影响——基于全国29所高校784名教师的调查[J].高等教育研究,2015(4):50-60.
[②] 鲍威,王嘉颖.象牙塔里的压力——中国高校教师职业压力与学术产出的实证研究[J].北京大学教育评论,2012,10(1):124-138.
[③] 杨芳娟,刘云,侯媛媛,漆艳茹.中国高被引学者的跨国流动特征和影响——基于论文的计量分析[J].科学学与科学技术管理,2017(9):25-39.
[④] 余广源,范子英."海归"教师与中国经济学科的"双一流"建设[J].财经研究,2017,43(6):52-65.

方面,海归教师均未表现出优势①。

与留学流动相比,针对访学流动的研究相对有限且以描述性分析居多。通过对首都高校有访学流动经历的教师进行问卷调查发现,近八成教师认为出国访学对发表高水平论文、建立国际学术网络有很大帮助,但实际只有24%教师在进修期间公开发表论文。其中,英文论文占86.6%,这些英文发表大多与国外学者合作完成,第一作者或独立作者占比仅为12.4%,访问学者更多扮演第二或第三作者的角色②。也有研究基于2014年中国大学教师调查数据中获得博士学位的高校教师样本,使用倾向得分匹配方法估计海外访学对高校教师论文产出的处理效应,发现海外访学经历对教师的论文产出不存在显著正向影响③。

另外,研究发现国际流动有利于发表更多的国际合作论文,而且这些国际合作论文通常具有更高影响力。杨芳娟等人在对12个学科领域的中国高被引科学家的研究中发现,不论留学还是访学流动,均对国际合作论文数、国际合作高影响因子论文数具有显著积极影响,而且学者的流动国家和与该国的合著论文总数具有显著正相关④。琼克与蒂金森(Koen Jonkers and Robert Tijissen)以植物分子生物学为例,对中国国家重点实验室的留学回国高级研究人员及其在SCI期刊上的发文进行分析发现,在海外工作两年及以上的经历对其科研产出具有显著促进作用。海外工作地和与该地区合作发表论文的数量存在显著正相关⑤。另一项对阿根廷的生命科学研究机构科研人员开展的研究同样发现海外工作经历对其国

---

① 叶晓梅,梁文艳.海归教师真的优于本土教师吗?——来自研究型大学教育学科的证据[J].教育与经济,2019,147(1):77-88.
② 马万华,温剑波.高校教师出国进修效益分析——基于首都高校教师的问卷调查[J].清华大学教育研究,2016,37(1):78-86.
③ 张冰冰,张青根,沈红.海外访学能提高高校教师的论文产出吗?——基于"2014中国大学教师调查"的分析[J].宏观质量研究,2018,21(2):119-133.
④ 杨芳娟,刘云,侯媛媛,漆艳茹.中国高被引学者的跨国流动特征和影响——基于论文的计量分析[J].科学学与科学技术管理,2017,(9):25-39.
⑤ Jonkers K, Tijssen R. Chinese researchers returning home: Impacts of international mobility on research collaboration and scientific productivity[J]. Scientometrics, 2008, 77(2): 309-333.

际合作发文具有促进作用,而且倾向发表在影响因子更高的期刊,并担任第一作者[①]。

第二节　研究问题与研究设计

知识生产包括期刊论文、著作、专利、会议论文等多种表现形式,本书基于一种相对狭义的知识生产概念——国际期刊论文发表——进行探讨。这在某种程度上窄化了知识生产的范畴,但论文发表是最主要的科研成果形式,是用来衡量知识生产的重要指标,也因其可衡量且具有可比性在相关研究中被广泛使用。已有研究对国际流动与知识生产的关系探讨多数聚焦高被引科学家、人才引进计划的海归科学家等高端人才群体,倾向使用高被引论文、SCI 论文等高水平论文指标来衡量知识生产。然而,高端学术人才群体及其论文发表所显现的规律特征不具有普遍意义。鉴于此,本研究将广义的学术人才作为研究对象,即在大学从事教学、科研及知识技术开发相关工作的学术工作者均包含在内。同时本研究不对论文和刊物进行级别筛选,所有英文发表的学术论文均被纳入统计。

本章以经济学、计算机学科、物理学为例分别考察哪类流动、去哪里流动最有利于国际发表;以及哪类流动、去哪里流动最有利于国际合作发表。具体研究问题如下:

第一,我国一流大学学术人才的国际流动呈现怎样的特征和变化趋势?

第二,留学、访学与双重流动,不同流动类型是否以及如何影响国际发表的数量、质量、贡献与合作?

第三,北美地区、欧洲地区与亚太地区不同流动地域是否以及如何影响国际

---

① Jonkers K, Cruz-Castro L. Research upon return: The effect of international mobility on scientific ties, production and impact[J]. Research Policy, 2013, 42(8): 1366–1377.

发表的数量、质量、贡献与合作？

一、数据收集

为了考察我国"双一流"建设高校的学术人才国际流动与知识生产规律,研究选取国内四所最顶尖高校的经济学、计算机学科、物理学三个学科领域的教师与研究人员为样本,建立学术人才国际流动与发表数据库,共收集到近1 300个有效样本。其中,经济学与计算机学科的履历与论文数据的检索下载时间为2018年6—7月,收集到经济学有效样本425个,计算机学科417个;物理学的履历与论文数据的检索下载时间为2020年9—10月,收集到物理学有效样本439个。

通过大学官方网站等途径收集的学者履历信息,包括其年龄、性别、教育经历、工作经历、国际流动经历、科研发表等数据。通过Scopus数据库,依据学者姓名和所在机构,检索其论文发表,导出属于"Article"和"Article in Press"类型文献的信息。论文发表信息包括发表年份、作者排序、通讯作者、作者单位、被引次数等。虽然使用国际论文来衡量知识生产并不能代表学者全部的科研成果,但国际发表是参与全球知识生产的主要形式之一,要成为具有世界影响力的一流大学,这是获得世界一流合法性的重要来源。基于学术人才国际流动与发表数据库,考虑到论文引用会有一定延迟效应,本章使用截至2017年的论文发表数据,删除变量信息缺失数据后,最终纳入数据模型分析有效样本为996个,其中330个经济学样本,286个计算机学科样本,380个物理学样本。

二、变量设计

被解释变量为国际发表,包括数量、质量、贡献与合作四个维度。其中,国际发表数量通过年均国际论文发表篇数衡量,由1987—2017年发表的论文总篇数除以博士毕业后工作年限计算得到。国际发表质量通过篇均被引次数衡量,由1987—2017年发表的论文总被引次数除以同期论文总篇数计算得到。鉴于学者对论文的贡献大小往往体现在作者排序,所以本研究通过篇均担任主要作者的论文篇数测量学者对国际发表的贡献,由1987—2017年发表的担任第一作者和/或通讯作者的论文篇数除以同期论文总篇数计算得到。关于国际合作,分别设置亚太地区合著论文篇数、北美地区合著论文篇数、欧洲地区合著论文篇数三个因变量。

解释变量为国际流动类型和流动地域两组变量。关于流动类型,通过文献综述看到国际流动存在留学、访学、海外工作等多种流动类型。结合对样本的初步分析发现,涉及海外工作经历的教师与研究人员数量较少,所以本研究主要分为仅留学、仅访学,以及同时拥有留学与访学经历的双重流动三种情况。以未发生国际流动为参照组,分别设置留学归国、出国访学、双重流动三个虚拟变量。关于流动地域,进一步区分留学地域与访学地域两组。以未发生国际流动为参照组,分别设置亚太地区、北美地区、欧洲地区三个虚拟变量。

控制变量包括性别、博士毕业年份、职称。其中,以中级职称为参照组,设置高级职称、副高级职称两个虚拟变量。中级职称主要包括讲师、助理教授、助理研究员等;副高级职称主要包括副教授、副研究员等;高级职称主要包括教授、研究员等。变量描述统计分析,如表2-1所示。

三、分析模型

根据前文所提出研究问题,模型设计如下:首先公式(1)考察国际流动类型对国际发表的影响;在对流动类型进行控制的基础上,公式(2)和公式(3)分别考察留学地域和访学地域对国际发表的影响。

$$y_i = \beta_0 + \beta_1 mobtype_i + \sum_{k=2}^{K} \beta_k x_{k,i} + \varepsilon_i \qquad 公式(1)$$

表 2-1 经济学、计算机学科与物理学样本描述性统计

		经济学				计算机学科				物理学			
		最小值	最大值	平均值	标准差	最小值	最大值	平均值	标准差	最小值	最大值	平均值	标准差
数量	年均论文篇数	0	3.88	0.45	0.61	0	18.82	2.00	2.27	0	28.90	4.74	3.64
质量	篇均被引次数	0	181	8.33	15.75	0	113.83	13.28	14.47	0	1101.18	35.67	69.32
贡献	篇均担任主要作者论文篇数	0	3	0.25	0.39	0	1.21	0.25	0.24	0	1	0.33	0.20
合作	与亚太地区合著论文篇数	0	24	1.00	2.62	0	94	5.62	11.54	0	85	12.57	15.67
	与北美地区合著论文篇数	0	42	2.24	4.93	0	106	6.17	10.99	0	156	21.53	26.53
	与欧洲地区合著论文篇数	0	11	0.49	1.34	0	49	1.87	4.73	0	180	12.82	19.86
流动类型	流动类型（以未流动为参照）												
	留学归国	0	1	0.41	0.49	0	1	0.25	0.43	0	1	0.34	0.47
	出国访学	0	1	0.28	0.45	0	1	0.12	0.32	0	1	0.19	0.40
	双重流动	0	1	0.11	0.32	0	1	0.02	0.15	0	1	0.04	0.20
流动地域	留学地域（以未流动为参照）												
	亚太地区	0	1	0.06	0.24	0	1	0.12	0.33	0	1	0.05	0.21

续表

	经济学				计算机学科				物理学			
	最小值	最大值	平均值	标准差	最小值	最大值	平均值	标准差	最小值	最大值	平均值	标准差
北美地区	0	1	0.38	0.49	0	1	0.10	0.30	0	1	0.23	0.42
欧洲地区	0	1	0.08	0.27	0	1	0.05	0.22	0	1	0.10	0.30
访学地域(以未流动为参照)												
亚太地区	0	1	0.03	0.17	0	1	0.02	0.15	0	28	0.11	1.45
北美地区	0	1	0.17	0.38	0	1	0.06	0.24	0	28	0.16	1.46
欧洲地区	0	1	0.03	0.16	0	1	0.02	0.15	0	28	0.11	1.45
多地区	0	1	0.16	0.37	0	1	0.03	0.17	0	28	0.14	1.45
个体特征 女性	0	1	0.27	0.44	0	1	0.16	0.37	0	1	0.13	0.34
博士毕业年份	1986	2017	2003.45	6.58	1984	2017	2003.67	6.84	1973	2019	2002.55	8.35
职称(以中级为参照)												
高级	0	1	0.43	0.50	0	1	0.45	0.50	0	1	0.64	0.48
副高级	0	1	0.37	0.48	0	1	0.44	0.50	0	1	0.26	0.44

$$y_i = \beta_0 + \beta_1 stuarea_i + \beta_2 vis_i + \beta_3 bimob_i + \sum_{k=4}^{K} \beta_k x_{k,i} + \varepsilon_i \quad 公式(2)$$

$$y_i = \beta_0 + \beta_1 visarea_i + \beta_2 stu_i + \beta_3 bimob_i + \sum_{k=4}^{K} \beta_k x_{k,i} + \varepsilon_i \quad 公式(3)$$

因变量 y_i 表示教师个体 i 的国际发表,包括数量、质量、贡献、亚太地区合作、北美地区合作及欧洲地区合作六个因变量。在公式(1)中,模型的关键变量 $mobtype_i$ 表示学者国际流动类型的三个虚拟变量。回归系数 β_1 表示在其他自变量取值保持不变的情况下,留学、访学与双重流动三种不同类型的国际流动对国际发表的影响。x_{ki} 代表第 i 个教师个体控制变量,包括性别、职称、博士学位获得年份。ε_i 代表随机扰动项。在公式(2)中,$stuarea_i$ 表示留学地域的三个虚拟变量,回归系数 β_1 表示在其他自变量取值保持不变的情况下,不同留学地域对国际发表的影响。vis_i 和 $bimob_i$ 分别表示是否发生访学流动和双重流动,同时也对个体层面性别、职称、博士学位获得年份变量进行了控制。与之相似,公式(3)中的 $visarea_i$ 表示访学地域的三个虚拟变量,stu_i 和 $bimob_i$ 分别表示是否发生留学流动和双重流动。

考虑到衡量国际发表的年均论文篇数、篇均被引次数、篇均担任主要作者篇数为有限非负数,而托宾模型(Tobit model)正关注了被解释变量有下限、上限或者存在极限值这类问题[①],因此,本研究选择该模型估计分析国际流动对国际发表数量、质量与贡献的影响。另外,亚太地区合著论文数、北美地区合著论文数、欧洲地区合著论文数,三个衡量科研合作的被解释变量均为计数数据。最常见的计数模型是泊松模型(Poisson regression),但描述性统计显示,上述三个因变量的均值和标准差相差较大,存在过度分散问题,因此不适合使用泊松模型进行回归分析。同时,对与科研合作相关的模型进行 LM 检验发现,delta 值的 95% 置信区间均在 1 到 8 之间,故在 5% 显著水平上拒绝"delta=0"的原假设(对应泊松模型),认为使用负二项回归(Negative Binomial Regression)模型分

---

① Tobin J. Estimation of relationships for limited dependent variables[J]. Econometrica, 1958, 26(1): 24-36.

析更为合适。

鉴于样本学者中存在没有国际发表的情况,被解释变量中出现大量零值,所以本研究考虑使用零膨胀负二项回归(Zero-inflated Negative Binomial Regression)对国际发表与国际流动进行回归。通过考察 Vuong 统计值判断应该使用标准的负二项回归,还是零膨胀负二项回归[①]。如果 V≥1.96,则选择零膨胀负二项回归模型;如果 V≤-1.96,则选择标准的负二项回归模型;如果|V|<1.96,则不能表明使用哪个模型更优。通过对与科研合作相关模型进行回归,结果显示上述模型的 Vuong 统计值均介于-1.96~0 之间,未能拒绝零膨胀的负二项回归,无法根据 Vuong 统计值判断哪个模型更适合。最后,根据对数似然函数值,选择报告拟合优度更高的标准负二项回归结果。不过总体而言,使用零膨胀负二项回归的结果与标准负二项回归结果基本保持一致。

第三节 流动类型对知识生产的影响

一、流动类型占比的时期变化

研究根据学者入职年份将样本分为 1997 年(含)之前、1998—2007 年(含)、2008—2017 年(含)三个时期,考察随着时间变化,学者的国际流动呈现出不同特点。总体样本的流动类型占比如图 2-1 所示,对 1997 年(含)之前入职学者而言,出国访学是这一时期国际流动的主要类型,40.3%的学者拥有访学经历。在 1998—2007 年(含)期间入职的学者中,访学占比下降到 29.6%,同期拥有留学归国流动经历的学者占比为 20.5%。在 2008—2017 年(含)期间入职的学者中,留学归国占比大幅上升至 50.1%,成为国际流动的主要类型。

[①] Vuong Q H. Likelihood ratio tests for model selection and non-nested hypotheses[J]. Econometrica, 1989, 57(2), 307-333.

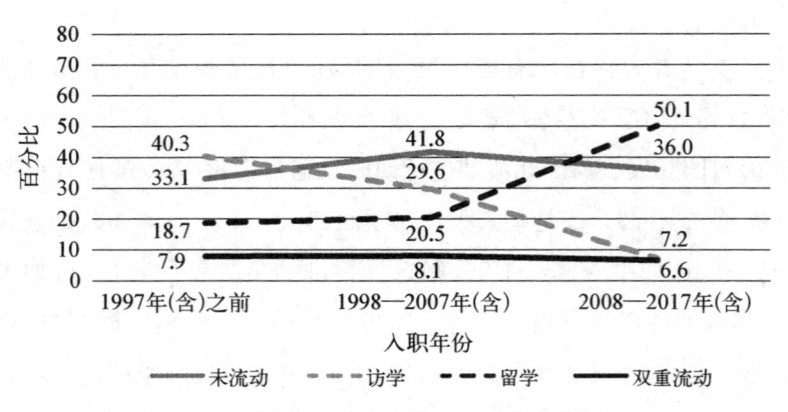

图 2-1　总体样本不同时期不同国际流动类型占比

考虑到不同学科可能会呈现出不同的流动趋势,研究进一步以社会科学中的经济学、工学中的计算机学科、理学中的物理学为例依次开展分析。经济学样本的流动类型占比如图 2-2 所示,对 1997 年(含)之前入职学者而言,出国访学是这一时期国际流动的主要类型,近一半(46.7%)学者拥有访学经历。在 1998—2007 年(含)期间入职的学者中,访学占比下降到 34.2%,同期拥有留学归国流动经历的学者占比从 16.7% 上升为 22.5%。在 2008—2017 年(含)期间入职的学者中,留学归国占比大幅上升至 72.3%,成为国际流动的主要类型。

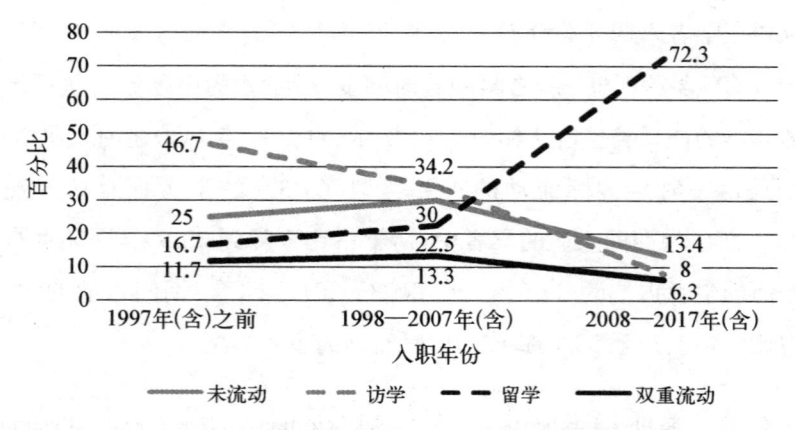

图 2-2　经济学样本不同时期不同国际流动类型占比

计算机学科样本的流动类型占比如图 2-3 所示，对 1997 年（含）之前入职学者而言，超过 60% 的学者没有发生国际流动，19% 学者拥有访学经历，是国际流动的主要类型。在 1998—2007 年（含）期间入职的学者中，访学占比略微下降，但同期留学归国流动经历的学者占比从 14.3% 上升为 21.3%。在 2008—2017 年（含）期间入职的学者中，留学归国占比上升至 35.2%，具有双重流动经历的学者占比上升至 9.9%，不过仍有超过一半（50.7%）的学者未发生国际流动。

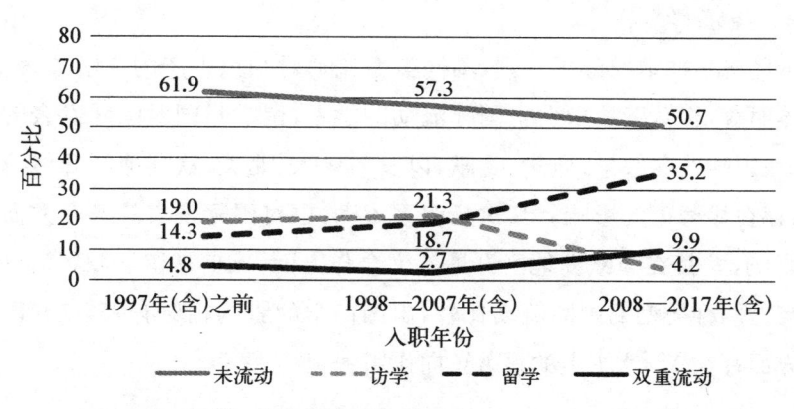

图 2-3 计算机学科样本不同时期不同国际流动类型占比

物理学样本的流动类型占比如图 2-4 所示，对 1997 年（含）之前入职学者而言，出国访学是这一时期国际流动的主要类型，39.5% 学者拥有访学经历。在

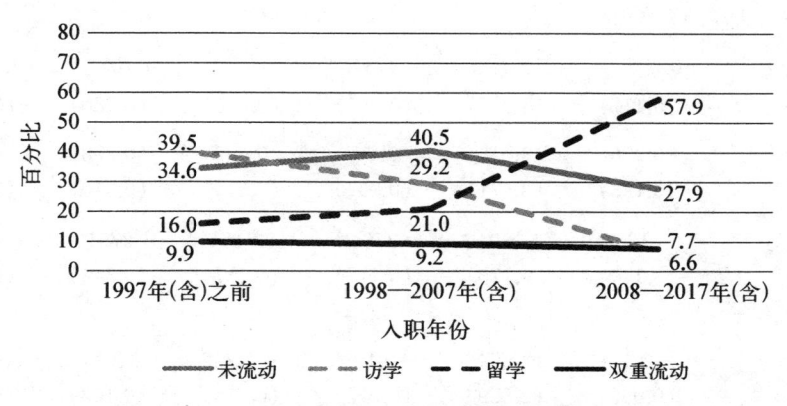

图 2-4 物理学样本不同时期不同国际流动类型占比

1998—2007年(含)期间入职的学者中,访学占比下降到29.2%,同期留学归国流动经历的学者占比从16%上升为21%。在2008—2017年(含)期间入职的学者中,留学归国占比大幅上升至57.9%,成为国际流动的主要类型。

二、流动类型对知识生产的影响

(一)经济学

基于经济学样本的分析发现,不同类型流动对知识生产的影响如表2-2所示。整体而言,相对于从未发生国际流动的学者,留学归国对国际发表的促进作用最大,在国际发表数量、质量、贡献,以及与亚太、北美、欧洲地区开展论文合作方面,均存在显著正向影响。其次是双重流动,也对国际发表的各个方面产生显著正向影响,尤其在与欧洲地区开展论文合作方面,比单一留学归国流动的影响还大。与这两种类型的国际流动比较,出国访学的影响相对有限,仅在国际发表的贡献方面存在1%水平上的显著正向作用。

表2-2 经济学样本流动类型对知识生产的影响

	Model 1-1 数量	Model 1-2 质量	Model 1-3 贡献	Model 1-4 亚太合作	Model 1-5 北美合作	Model 1-6 欧洲合作
流动类型(以未流动为参照)						
留学归国	0.750***	21.943***	0.472***	0.978***	1.707***	1.484***
	(0.117)	(3.319)	(0.093)	(0.326)	(0.280)	(0.501)
出国访学	0.076	3.513	0.174*	0.099	0.208	0.557
	(0.123)	(3.471)	(0.097)	(0.346)	(0.310)	(0.529)
双重流动	0.616***	14.430***	0.376***	0.718*	1.275***	1.978***
	(0.149)	(4.170)	(0.118)	(0.387)	(0.344)	(0.524)
控制变量						
女性	−0.111	2.594	−0.125*	−0.236	0.091	0.126
	(0.092)	(2.529)	(0.072)	(0.234)	(0.162)	(0.265)

续 表

	Model 1-1 数量	Model 1-2 质量	Model 1-3 贡献	Model 1-4 亚太合作	Model 1-5 北美合作	Model 1-6 欧洲合作
博士毕业年份	0.035***	0.218	0.023***	0.042*	0.019	0.016
	(0.009)	(0.249)	(0.007)	(0.024)	(0.018)	(0.029)
职称(以中级为参照)						
高级	0.899***	22.313***	0.493***	2.061***	1.519***	1.276**
	(0.160)	(4.453)	(0.125)	(0.448)	(0.319)	(0.518)
副高级	0.547***	13.329***	0.292***	1.203***	1.064***	0.467
	(0.126)	(3.524)	(0.099)	(0.385)	(0.240)	(0.408)
常数项	−70.835***	−460.452	−46.648***	−86.491*	−39.160	−33.830
	(18.178)	(500.699)	(14.269)	(47.418)	(35.916)	(57.847)
Sigma/ lnalpha_cons	0.675***	18.402***	0.526***	1.493***	1.696***	0.741***
	(0.032)	(0.904)	(0.028)	(0.218)	(0.196)	(0.249)

注：括号内为标准误；* $p<0.1$，** $p<0.05$，*** $p<0.01$。

在个体特征方面，分析结果显示女性在国际发表的贡献方面存在 1% 水平上的显著负向作用，也就是说与男性学者相比，女性学者担任通讯作者和/或第一作者的国际发表数量更少。从博士毕业年份看，近期毕业学者比早期毕业学者在论文数量、贡献、与亚太地区开展论文合作方面更具优势，存在显著影响；而在国际发表质量、与北美和欧洲地区开展论文合作方面，并不存在显著优势。在职称方面，与中级职称相比，获得高级、副高级职称的学者在国际发表的数量、质量、贡献，以及与各个地区的科研合作上，均存在显著正向影响。职称越高，在国际发表与合作上表现越好。

（二）计算机学科

基于计算机学科样本的分析发现，不同类型流动对知识生产的影响如表 2-3 所示。整体而言，相对于从未发生国际流动的学者，留学归国对国际发表的数量、质量以及与亚太、北美地区开展论文合作方面具有显著促进作用，而在国际发表贡献以及与欧洲地区开展论文合作方面,并不存在显著影响。其次是双重流动,对国际发表的数量、与亚太和欧洲地区开展论文合作方面产生显著正向影响。最后,出国访学对国际发表不存在显著影响。

表 2-3　计算机学科样本流动类型对知识生产的影响

	Model 1-1 数量	Model 1-2 质量	Model 1-3 贡献	Model 1-4 亚太合作	Model 1-5 北美合作	Model 1-6 欧洲合作
流动类型(以未流动为参照)						
留学归国	0.566*	9.679***	0.001	0.906***	0.661***	0.284
	(0.313)	(2.051)	(0.041)	(0.220)	(0.191)	(0.291)
出国访学	0.159	1.017	0.016	0.173	0.070	−0.087
	(0.422)	(2.760)	(0.055)	(0.287)	(0.239)	(0.319)
双重流动	2.458***	2.210	−0.085	0.971**	0.531	0.504**
	(0.843)	(5.515)	(0.110)	(0.380)	(0.394)	(0.256)
控制变量						
女性	−0.563	1.509	0.022	−0.403	−0.193	−0.455
	(0.361)	(2.358)	(0.047)	(0.294)	(0.281)	(0.324)
博士毕业年份	0.066***	−0.103	0.007**	−0.042**	−0.017	−0.061***
	(0.024)	(0.156)	(0.003)	(0.017)	(0.016)	(0.019)
职称(以中级为参照)						
高级	1.549***	3.865	−0.087	0.950**	0.646**	0.565
	(0.527)	(3.456)	(0.068)	(0.389)	(0.311)	(0.429)
副高级	0.272	3.609	−0.077	0.224	−0.163	0.115
	(0.461)	(3.028)	(0.060)	(0.378)	(0.272)	(0.426)
常数项	−131.827***	213.285	−13.668**	85.056**	35.164	122.818***
	(48.011)	(314.574)	(6.288)	(34.136)	(31.595)	(38.363)
Sigma/lnalpha_cons	2.177***	14.235***	0.278***	0.845***	0.524***	0.894***
	(0.093)	(0.612)	(0.014)	(0.112)	(0.099)	(0.150)

注:括号内为标准误;* $p<0.1$,** $p<0.05$,*** $p<0.01$。

在个体特征方面,分析结果显示女性不论在国际发表的数量、质量、贡献,还是与不同地域的论文合作中,与男性学者均不存在显著差异。从博士毕业年份看,在论文数量与贡献方面,近期毕业学者比早期毕业学者更具优势,存在显著影响;而在与亚太、欧洲地区开展论文合作方面,早期毕业学者比近期毕业学者更具优势,存在显著差异。在职称方面,与中级职称相比,获得高级职称的学者在国际发表的数量,以及与亚太、北美地区的科研合作上,均存在显著正向影响。

(三) 物理学

基于物理学样本的分析发现,不同类型流动对知识生产的影响如表2-4所示。相对于从未发生国际流动的学者,留学归国在国际发表的数量及与欧洲论文合作方面,存在显著负向影响,但在国际发表的质量及与北美地区开展论文合作方面,存在显著正向影响。出国访学和双重流动在国际发表的贡献方面存在显著促进作用。

表2-4 物理学样本流动类型对知识生产的影响

	Model 1-1 数量	Model 1-2 质量	Model 1-3 贡献	Model 1-4 亚太合作	Model 1-5 北美合作	Model 1-6 欧洲合作
流动类型(以未流动为参照)						
留学归国	−1.187*** (0.413)	20.516** (8.088)	0.021 (0.024)	−0.052 (0.138)	0.403*** (0.134)	−1.187*** (0.413)
出国访学	0.086 (0.497)	−6.287 (9.739)	0.068** (0.029)	−0.214 (0.168)	−0.156 (0.153)	0.086 (0.497)
双重流动	−0.486 (0.915)	6.220 (17.925)	0.092* (0.053)	−0.034 (0.343)	0.319 (0.275)	−0.486 (0.915)
控制变量						
女性	−1.494*** (0.528)	11.648 (10.335)	0.029 (0.030)	−0.399** (0.182)	−0.377* (0.193)	−1.494*** (0.528)
博士毕业年份	0.069*** (0.024)	0.926* (0.477)	0.001 (0.001)	−0.031*** (0.008)	−0.009 (0.008)	0.069*** (0.024)

续　表

	Model 1-1 数量	Model 1-2 质量	Model 1-3 贡献	Model 1-4 亚太合作	Model 1-5 北美合作	Model 1-6 欧洲合作
职称(以中级为参照)						
高级	1.221*	17.615	0.093**	0.564**	0.537***	1.221*
	(0.641)	(12.563)	(0.037)	(0.253)	(0.199)	(0.641)
副高级	−1.094	−4.673	0.039	−0.181	−0.430**	−1.094
	(0.665)	(13.031)	(0.038)	(0.268)	(0.217)	(0.665)
常数项	−132.512***	−1835.378*	−1.039	64.894***	20.290	−132.512***
	(48.964)	(959.098)	(2.817)	(15.499)	(15.223)	(48.964)
sigma/ lnalpha_cons	3.439***	67.363***	0.197***	0.285***	0.301***	3.439***
	(0.125)	(2.448)	(0.007)	(0.081)	(0.077)	(0.125)

注：括号内为标准误；* $p<0.1$，** $p<0.05$，*** $p<0.01$。

在个体特征方面，分析结果显示女性在国际发表的数量，及与亚太、北美、欧洲合作方面存在显著负向作用。从影响系数与显著度上看，与经济学和计算机学科比较，女性在物理学的国际发表中的表现显著低于男性学者。从博士毕业年份看，近期毕业学者比早期毕业学者在论文数量、质量、与欧洲地区开展论文合作方面更具优势，存在显著影响；而在与亚太地区开展论文合作方面，早期毕业学者比近期毕业学者更具有优势，存在显著差异。在职称方面，与中级职称相比，获得高级职称的学者在国际发表的数量、贡献，以及与各个地区的科研合作上，均存在显著优势。但副高级职称的学者并不具备这一优势，甚至在与北美地区开展论文合作方面存在显著劣势。

第四节　流动地域对知识生产的影响

鉴于不同类型的国际流动对知识生产的影响不同，所以考察流动地域对国际发表的影响，需要进一步区分留学地域和访学地域两种情况依次进行。

一、留学地域对知识生产的影响

（一）经济学

基于经济学样本分析发现，留学地域对知识生产的影响如表 2-5 所示。首先，与未发生国际流动的学者相比，不论是在亚太、北美还是欧洲地区留学，均对国际发表的数量、质量、贡献产生显著正面影响。第二，到北美地区留学对国际发表影响比到亚太、欧洲地区留学的影响更大。也就是说，如果到北美地区留学，其国际发表数量更多、质量更高，担任通讯作者和/或第一作者的论文也更多。第三，留学地域对与该地域的论文合作产生的正向影响较大。如到北美和亚太地区留学均会对与北美地区的论文合作产生影响，但到北美留学的影响更大（2.085＞1.041）。不过，到欧洲留学仅对与欧洲地区的论文合作产生显著正向影响。

表 2-5 经济学样本留学地域对知识生产的影响

	Model 2-1 数量	Model 2-2 质量	Model 2-3 贡献	Model 2-4 亚太合作	Model 2-5 北美合作	Model 2-6 欧洲合作
留学地域(以未流动为参照)						
亚太留学	0.746***	18.364***	0.478***	1.599***	1.041**	1.360**
	(0.181)	(5.072)	(0.144)	(0.470)	(0.458)	(0.608)
北美留学	0.811***	23.544***	0.488***	1.036***	2.085***	1.333**
	(0.120)	(3.414)	(0.096)	(0.343)	(0.285)	(0.520)
欧洲留学	0.401**	16.333***	0.381***	−0.239	0.249	2.149***
	(0.175)	(4.902)	(0.140)	(0.641)	(0.466)	(0.569)
流动类型(以未流动为参照)						
出国访学	0.075	3.474	0.174*	0.111	0.207	0.556
	(0.121)	(3.446)	(0.097)	(0.349)	(0.315)	(0.529)
双重流动	−0.107	−6.994*	−0.089	−0.269	−0.247	0.447
	(0.131)	(3.637)	(0.104)	(0.341)	(0.239)	(0.312)

续 表

	Model 2-1 数量	Model 2-2 质量	Model 2-3 贡献	Model 2-4 亚太合作	Model 2-5 北美合作	Model 2-6 欧洲合作
控制变量	+	+	+	+	+	+
常数项	−63.763***	−363.484	−44.710***	−53.238	−5.655	−59.459
	(18.175)	(504.380)	(14.451)	(52.913)	(35.524)	(60.476)
Sigma/lnalpha_cons	0.665***	18.271***	0.526***	1.423***	1.474***	0.686***
	(0.032)	(0.897)	(0.028)	(0.208)	(0.207)	(0.245)

注：由于篇幅限制，表2-5省略了展示控制变量结果，包括女性、博士毕业年份及职称；未展示的变量与表2-2中报告的结果基本保持一致。括号内为标准误；* $p<0.1$，** $p<0.05$，*** $p<0.01$。

（二）计算机学科

基于计算机学科样本的分析发现，留学地域对知识生产的影响如表2-6所示。首先，与未发生国际流动的学者相比，只有在北美地区留学对国际发表的数量存在显著正面影响，亚太留学与欧洲留学对数量的影响并不显著。第二，北美留学对国际发表质量的影响最大，欧洲留学的影响次之。第三，留学地域对与该地域的论文合作存在显著正向影响，如到亚太地区留学对与亚太地区的论文合作产生显著正向影响。北美、欧洲的情况亦是如此。

表2-6 计算机学科样本留学地域对知识生产的影响

	Model 2-1 数量	Model 2-2 质量	Model 2-3 贡献	Model 2-4 亚太合作	Model 2-5 北美合作	Model 2-6 欧洲合作
留学地域(以未流动为参照)						
亚太留学	0.384	3.864	0.077	1.417***	0.022	−0.061
	(0.436)	(2.824)	(0.056)	(0.241)	(0.204)	(0.338)
北美留学	1.078**	14.467***	−0.078	0.504	1.271***	−0.112
	(0.436)	(2.825)	(0.057)	(0.381)	(0.213)	(0.272)
欧洲留学	−0.207	11.336***	0.007	−0.321	−0.673*	1.156**
	(0.599)	(3.883)	(0.079)	(0.392)	(0.352)	(0.452)

续 表

	Model 2-1 数量	Model 2-2 质量	Model 2-3 贡献	Model 2-4 亚太合作	Model 2-5 北美合作	Model 2-6 欧洲合作
流动类型(以未流动为参照)						
出国访学	0.151	1.011	0.016	0.145	0.092	−0.051
	(0.419)	(2.716)	(0.054)	(0.289)	(0.245)	(0.318)
双重流动	2.237**	−4.029	−0.138	−0.230	0.645*	0.264
	(0.883)	(5.720)	(0.115)	(0.306)	(0.390)	(0.366)
控制变量	+	+	+	+	+	+
常数项	−133.986***	89.772	−11.970*	102.353***	18.405	125.964***
	(48.164)	(312.615)	(6.294)	(36.517)	(29.027)	(36.062)
Sigma/ lnalpha_cons	2.163***	14.009***	0.276***	0.782***	0.418***	0.840***
	(0.092)	(0.602)	(0.014)	(0.116)	(0.102)	(0.150)

注：由于篇幅限制，表2-6省略了展示控制变量结果，包括女性、博士毕业年份及职称；未展示的变量与表2-3中报告的结果基本保持一致。括号内为标准误；* $p<0.1$，** $p<0.05$，*** $p<0.01$。

（三）物理学

基于物理学样本的分析发现，留学地域对知识生产的影响如表2-7所示。首先，与未发生国际流动的学者相比，在北美、欧洲地区留学对国际发表的数量产生显著负面影响。第二，到北美地区留学对国际发表的质量产生显著正向影响。第三，留学地域对与该地域的论文合作存在显著正向影响。到亚太地区留学对与亚太地区的论文合作产生显著正向影响，到北美地区留学对与北美地区的论文合作产生显著正向影响。不过，欧洲不存在这种情况。

表2-7 物理学样本留学地域对知识生产的影响

	Model 2-1 数量	Model 2-2 质量	Model 2-3 贡献	Model 2-4 亚太合作	Model 2-5 北美合作	Model 2-6 欧洲合作
留学地域(以未流动为参照)						
亚太留学	−0.521	−2.300	0.068	0.427**	−0.583**	−0.714***
	(0.859)	(16.715)	(0.049)	(0.213)	(0.233)	(0.260)

续 表

	Model 2-1 数量	Model 2-2 质量	Model 2-3 贡献	Model 2-4 亚太合作	Model 2-5 北美合作	Model 2-6 欧洲合作
北美留学	−1.059**	33.051***	0.042	−0.005	0.740***	−0.360**
	(0.477)	(9.283)	(0.027)	(0.161)	(0.135)	(0.178)
欧洲留学	−1.796***	4.305	−0.051	−0.559**	−0.494*	−0.196
	(0.635)	(12.357)	(0.037)	(0.236)	(0.264)	(0.217)
流动类型(以未流动为参照)						
出国访学	0.074	−6.869	0.067**	−0.237	−0.188	−0.459**
	(0.496)	(9.649)	(0.028)	(0.168)	(0.152)	(0.192)
双重流动	0.721	−18.141	0.070	−0.017	−0.140	0.459
	(0.930)	(18.090)	(0.053)	(0.316)	(0.302)	(0.335)
控制变量	+	+	+	+	+	+
常数项	−124.740**	−1547.223	−0.078	72.236***	34.617**	25.016
	(49.338)	(959.618)	(2.822)	(15.726)	(15.495)	(18.063)
Sigma/ lnalpha_cons	3.430***	66.716***	0.196***	0.259***	0.210***	0.446***
	(0.125)	(2.424)	(0.007)	(0.082)	(0.079)	(0.077)

注：由于篇幅限制，表 2-7 省略了展示控制变量结果，包括女性、博士毕业年份及职称；未展示的变量与表 2-4 中报告的结果基本保持一致。括号内为标准误；* $p<0.1$，** $p<0.05$，*** $p<0.01$。

二、访学地域对知识生产的影响

依次对经济学、计算机学科、物理学三个学科学者的访学地域对知识生产的影响进行比较。基于经济学样本分析发现，如表 2-8 所示，虽然访学对知识生产的影响相对有限，但不同访学地域对知识生产的影响也存在差异，其中北美地区优势显著。首先，在北美地区访学对国际发表的贡献存在 1% 水平上的显著正向作用。也就是说，如果学者在北美地区访学，担任通讯作者和/或第一作者的论文也更多。其次，在北美地区访学对与北美地区的论文合作产生显著正向影响。另外，发生多地区访学对与欧洲地区开展论文合作产生显著正向影响。然而，计算机学科和物理学学者不同地域的访学流动对知识生产不存在显著正向影响，如表 2-9、表 2-10 所示。

表 2-8　经济学样本访学地域对知识生产的影响

	Model 3-1 数量	Model 3-2 质量	Model 3-3 贡献	Model 3-4 亚太合作	Model 3-5 北美合作	Model 3-6 欧洲合作
访学地域(以未流动为参照)						
亚太访学	0.185 (0.248)	5.449 (6.856)	0.259 (0.197)	0.466 (0.638)	−0.785 (0.841)	−0.208 (0.812)
北美访学	0.162 (0.141)	5.648 (3.977)	0.227** (0.111)	0.084 (0.401)	0.567* (0.331)	−0.328 (0.637)
欧洲访学	−0.337 (0.277)	−3.163 (7.612)	0.076 (0.211)	−13.233*** (0.492)	−0.408 (0.593)	0.600 (0.881)
多地区访学	0.022 (0.144)	1.904 (4.055)	0.114 (0.115)	0.244 (0.379)	−0.020 (0.366)	1.012* (0.550)
流动类型(以未流动为参照)						
留学归国	0.751*** (0.117)	22.000*** (3.315)	0.473*** (0.093)	0.978*** (0.326)	1.720*** (0.282)	1.446*** (0.507)
双重流动	0.522*** (0.137)	10.478*** (3.794)	0.189* (0.108)	0.601* (0.348)	1.139*** (0.274)	1.639*** (0.346)
控制变量	+	+	+	+	+	+
常数项	−71.195*** (18.114)	−470.107 (500.731)	−46.575*** (14.264)	−89.604* (47.674)	−42.491 (34.723)	−54.894 (62.852)
Sigma/lnalpha_cons	0.670*** (0.032)	18.358*** (0.901)	0.525*** (0.028)	1.479*** (0.219)	1.643*** (0.204)	0.662** (0.263)

注：由于篇幅限制，表 2-8 省略了展示控制变量结果，包括女性、博士毕业年份及职称；未展示的变量与表 2-2 中报告的结果基本保持一致。括号内为标准误；* p<0.1, ** p<0.05, *** p<0.01。

表 2-9　计算机学科样本访学地域对知识生产的影响

	Model 3-1 数量	Model 3-2 质量	Model 3-3 贡献	Model 3-4 亚太合作	Model 3-5 北美合作	Model 3-6 欧洲合作
访学地域(以未流动为参照)						
亚太访学	0.862 (0.839)	−1.692 (5.515)	0.004 (0.108)	0.615 (0.434)	0.263 (0.496)	−1.724*** (0.502)

续 表

	Model 3-1 数量	Model 3-2 质量	Model 3-3 贡献	Model 3-4 亚太合作	Model 3-5 北美合作	Model 3-6 欧洲合作
北美访学	0.506 (0.613)	0.686 (4.033)	0.039 (0.079)	0.068 (0.377)	0.169 (0.339)	−0.225 (0.470)
欧洲访学	−1.375 (0.885)	8.111 (5.821)	0.152 (0.115)	0.349 (0.757)	−0.647 (0.463)	0.363 (0.481)
多地区访学	−0.074 (0.785)	−0.420 (5.161)	−0.099 (0.105)	−0.489 (0.357)	−0.005 (0.312)	0.395 (0.405)
流动类型(以未流动为参照)						
留学归国	0.555* (0.311)	9.722*** (2.045)	0.001 (0.041)	0.903*** (0.220)	0.663*** (0.191)	0.290 (0.291)
双重流动	2.473** (0.969)	−0.525 (6.369)	−0.157 (0.126)	0.813 (0.537)	0.576 (0.448)	0.624 (0.444)
控制变量	+	+	+	+	+	+
常数项	−142.104*** (47.991)	260.285 (316.151)	−12.980** (6.308)	80.268** (33.915)	29.788 (32.696)	128.942*** (39.552)
Sigma/ lnalpha_cons	2.158*** (0.092)	14.185*** (0.610)	0.277*** (0.014)	0.835*** (0.113)	0.517*** (0.099)	0.864*** (0.154)

注：由于篇幅限制，表2-9省略了展示控制变量结果，包括女性、博士毕业年份及职称；未展示的变量与表2-3中报告的结果基本保持一致。括号内为标准误；* $p<0.1$，** $p<0.05$，*** $p<0.01$。

表2-10 物理学样本访学地域对知识生产的影响

	Model 3-1 数量	Model 3-2 质量	Model 3-3 贡献	Model 3-4 亚太合作	Model 3-5 北美合作	Model 3-6 欧洲合作
访学地域(以未流动为参照)						
亚太访学	1.168 (0.729)	9.453 (14.585)	−0.009 (0.043)	0.350 (0.213)	−0.078 (0.221)	0.222 (0.276)
北美访学	0.464 (0.551)	−3.226 (11.030)	0.006 (0.032)	−0.234 (0.205)	0.115 (0.172)	−0.510** (0.202)
欧洲访学	−0.668 (0.736)	−1.627 (14.715)	−0.028 (0.043)	0.142 (0.272)	−0.081 (0.261)	0.467 (0.292)

续　表

	Model 3-1 数量	Model 3-2 质量	Model 3-3 贡献	Model 3-4 亚太合作	Model 3-5 北美合作	Model 3-6 欧洲合作
多地区访学	-0.516	-3.364	0.019	-0.208	0.099	-0.129
	(0.607)	(12.132)	(0.036)	(0.191)	(0.183)	(0.208)
流动类型(以未流动为参照)						
留学归国	-1.161***	22.184***	0.001	0.003	0.460***	-0.237*
	(0.381)	(7.610)	(0.022)	(0.129)	(0.127)	(0.141)
双重流动	-1.289	7.997	0.086	-0.014	0.109	0.164
	(0.925)	(18.501)	(0.055)	(0.391)	(0.267)	(0.339)
控制变量	+	+	+	+	+	+
常数项	-130.789***	-1954.692**	0.212	61.737***	16.546	25.912
	(47.291)	(945.879)	(2.788)	(15.029)	(15.182)	(17.644)
Sigma/ lnalpha_cons	3.366***	67.336***	0.198***	0.273***	0.295***	0.444***
	(0.122)	(2.447)	(0.007)	(0.082)	(0.077)	(0.078)

注：由于篇幅限制，表2-10省略了展示控制变量结果，包括女性、博士毕业年份及职称；未展示的变量与表2-4中报告的结果基本保持一致。括号内为标准误；* $p<0.1$，** $p<0.05$，*** $p<0.01$。

第五节　国际学术流动对知识生产的影响机制分析

一、不同类型国际学术流动的影响机制分析

首先，在人力资本视角下，留学期间严格系统的学术研究训练使学者获得知识、技能、语言、规范等方面的优势。攻读海外博士学位的过程是学者掌握科学方法论的过程，是研究能力与学术品位养成的关键期。学者越是接受了系统严谨的学术训练，在未来科研产出的数量可能越多；博士期间所从事的研究方向越前沿，其产出的质量也越高，越可能被更多学者引用[1]。另外，留学赋予学者英文写作优

---

[1] 余广源，范子英."海归"教师与中国经济学科的"双一流"建设[J].财经研究，2017，43(6)：52-65.

势,加上对国际研究范式、同行评议等学术规则更为熟悉,国际发表与国际合作能力也更强。其次,从社会资本理论视角来看,通过留学与东道国建立了重要的国际学术网络,尤其是与海外导师建立的学术共识与联系为毕业后展开深入合作打下牢固的信任基础,有助于学者产出数量更多、影响力更大的学术论文。在人力资本与社会资本的共同作用下,留学归国的学者经过本土知识和国外知识的迁移和融合,思想创新与合作资源均处于更有利的位置,学术创新能力高于本土教师,能获得更多的国际发表[1]。

与留学归国相比,访学流动过程中不存在严格的学术训练制度环境,国际学术交流和科研合作的强度与深度更多取决于访问学者自身的能力与努力。另一方面,访学时长通常为一年左右,如果前期没有充分准备,短时间内发表国际学术论文难度较大。不过,在沉浸式学习环境中,访问学者多数会发生态度上的转变[2],如看到国外同行如何做科学研究,认识到国内学术研究与国外的差异,对自己的研究方向进行反思等[3],这些隐性收获将对其长期学术发展产生深远影响。

鉴于不同类型的国际流动在获得与积累人力资本与社会资本的方面存在差异,留学优势能够更快体现在知识生产上。这印证了近年来我国政府与高校致力于从海外引进留学人才的合理性与必要性,将跨国学术人力资本与社会资本引入到我国大学的知识生产和科技创新之中,确实对推进"双一流"建设发挥了积极作用。

二、不同地域国际学术流动的影响机制分析

不同地域国际流动对知识生产的影响存在差异,说明国际发表与国际合作是

---

[1] Baruffaldi S H, Landoni P. Return mobility and scientific productivity of researchers working abroad: The role of home country linkages[J]. Research Policy, 2012, 41(9): 1655 – 1665.
[2] Biraimah K L, Jotia A L. The longitudinal effects of study abroad programs on teachers' content knowledge and perspectives: Fulbright-hays group projects abroad in Botswana and Southeast Asia[J]. Journal of Studies in International Education, 2013, 17(4), 433 – 454.
[3] 赵显通,刘绪,彭安臣.基于混合方法的教师出国访学收益研究[J].教育科学,2018,34(3): 21 – 28.

基于学者的国际流动而形成的。流动到北美对学者国际发表产生的促进作用源于：首先，北美拥有世界上最庞大的科研体系，拥有研究所需的图书馆、实验室等基础设施，支持学术自由的传统和规章制度以及教授、学生和大学长期引领大学科研和学科发展方向[1]。流动到北美的学者更为接近世界学术中心，具有习得学术规范、了解学科前沿的便利。其次，北美学术机构是重要的英语使用者，到北美进行学术流动有助于学者获得英语写作与发表的语言优势。更重要的是，很多学术期刊在美国编辑出版，同行评价制度也是以北美学者所熟悉的语言和方法论进行[2]，北美学术体系长期控制着知识生产与传播。因此到北美留学或是访学对适应和掌握国际论文发表规则、提高论文录用概率发挥着不可忽视的作用。

与北美相比，虽然欧洲、亚太地区也有英国、日本、新加坡等国家在学术研究中有着不俗表现，但在制定学术规范标准、引领学科发展方向上的影响力与话语权始终不及北美。北美学术系统不断向学术边缘国家传递"如何做学术""国际发表系统如何评审学术论文"以及"学术研究的标准"等信息，并通过学者的国际流动将学术标准扩散至边缘国家以强化自身在学术系统中的支配性地位[3][4]。斯科特(Peter Scott)认为高等教育全球化与国际化对学术人员所参与的学术网络产生了重要影响。大科学的"硬件"可能需要非常集中地置于一处，而"软件"却具备可以在很多地方进行生产的优势。此外，对学术劳动的地区分配并不公平，"具有创新性的范式变革的科学研究在北美进行(英国也有范围小一些的这样的科学研究)"，而常规的科学研究被转包给了印度次大陆和拉丁美洲那些"工人"。国际学术网络的全球化和国际化发展的模式越来越受到社会结

---

[1] Altbach P G. Globalisation and the university: Myths and realities in an unequal world[J]. Tertiary Education and Management, 2004, 10: 3-25.
[2] Altbach P G. Globalisation and the university: Myths and realities in an unequal world[J]. Tertiary Education and Management, 2004, 10: 3-25.
[3] Whitley R. The intellectual and social organization of the sciences[M]. Oxford: Clarendon, 1984: 231-232.
[4] 李澄锋,陈洪捷,沈文钦.中外联合培养经历对博士生科研能力增值及论文产出的影响——基于"全国博士毕业生离校调查"数据的分析[J].高等教育研究,2020,41(1): 58-67.

构因素和经济利益的左右①②。

三、不同学科影响机制的差异分析

根据比彻和特罗勒尔(Tony Becher & Paul R. Trowler)对学科群体及其知识特征的划分,物理学属于纯硬学科,经济学勉强属于纯软学科,计算机学科属于应用硬学科。不同学科的知识生产逻辑与动力、认识论与方法论、成果的形式与研究效率,以及合作的本质与规模都存在着系统差异。物理学和经济学作为纯学科,受到知识本身的发展逻辑影响更多,计算机学科作为应用学科主要受到外部的实践需求驱动。物理学知识发展具有积累性;强调客观性,有明确的正误标准;成果主要表现为某种发现或解释。从这些特征来看,经济学似乎更偏向硬科学。计算机学科的知识发展目的性强,注重实用性;判断知识的标准具有目的性和功能性,成果主要以产品或技术形式呈现③。标准的物理期刊上发表文章的周期为9—12个月,经济类期刊需要9—18个月,工程类在一年到两年之间。不同学科科研合作的本质与规模对发表也会产生影响。亨克尔(Mary Henkel)指出,在天体物理学和分子物理学领域,巨大的合作团体很正常,出版物可能涉及上百人④。而在经济学领域,如果其他条件相同,更倾向以一个研究者的名字发表文章⑤。

研究结果显示,从总体来看,经济学的知识生产似乎受到更多国际流动的影响,在一定程度上与其知识生产逻辑尤其是方法论更多依赖西方研究范式不无关

---

① Scott P. Massification, internationalization and globalization[J]. The Globalization of Higher Education, 1998, 3(65): 51-62.
② [英]托尼·比彻,[英]保罗·特罗勒尔.学术部落及其领地[M].唐跃勤,蒲茂华,陈洪捷,译.北京:北京大学出版社,2015:110.
③ [英]托尼·比彻,[英]保罗·特罗勒尔.学术部落及其领地[M].唐跃勤,蒲茂华,陈洪捷,译.北京:北京大学出版社,2015:40-41,213.
④ Henkel M. Academic identities and policy change in higher education[M]. London: Jessica Kingsley, 2000.
⑤ [英]托尼·比彻,[英]保罗·特罗勒尔.学术部落及其领地[M].唐跃勤,蒲茂华,陈洪捷,译.北京:北京大学出版社,2015:141.

系。计算机学科作为比较典型的偏应用类学科,其知识生产的内在动力更多源于社会生产实践等本土需求,受到国际流动的影响相对较弱。此外,计算机学科与物理学由于涉及国家科技安全等关键技术领域,使得其未发生国际流动的学者占比,不论在哪个时期,均高于经济学;即使发生国际流动,流动对于国际发表的促进作用也相对有限。

第六节 小结与建议

一、本章小结

本章以我国四所顶尖"双一流"建设高校的经济学、计算机学科、物理学的教师与研究人员为样本,发现国际流动对知识生产的影响因学科而异。近三十年来,四所顶尖大学的经济学教师与研究人员的主要国际流动类型依次经历了由访学为主,到访学留学并重,再到留学为主三个时期的转变。在不同类型的国际流动中,留学归国对国际发表的促进作用最大,在国际发表数量、质量、贡献,以及与亚太、北美、欧洲地区开展科研合作方面,均存在显著正向影响;而访学的影响相对有限。关于流动地域,不论留学还是访学,到北美地区流动对国际发表的影响比到亚太、欧洲地区流动的影响都要大。如果到北美地区留学,其国际发表的数量更多、质量更高、担任通讯作者和/或第一作者的论文也更多;如果到北美地区访学,担任通讯作者和/或第一作者的论文更多,与北美地区的合作论文也更多。

计算机学科教师与研究人员中未发生流动的占比始终超过一半,占据主流;留学归国占比近十几年来上升较快,出国访学占比下降较快。在不同类型的国际流动中,留学归国对部分国际发表指标存在显著正向影响,包括国际发表数量和质量,以及与亚太和北美地区开展科研合作方面;双重流动仅对数量、与亚太和北美地区开展科研合作存在显著正向影响;访学不存在任何显著影响。关于流动地域,到北美地区留学,其国际发表数量更多、质量更高;到欧洲地区留学,其国际发表质量更高。另外,不论到亚太、北美还是欧洲留学,留学地域都会对与该地区的合作论文产生显著促进作用。对访学地域进一步区分后,计算机学科学者不同地域的访学流动对国际发表不存在显著正向影响。

物理学教师与研究人员的主要国际流动类型经历了早期以访学和未流动为主,到近期以留学为主的转变。相对于从未发生国际流动的学者,留学归国在对国际发表的质量及与北美地区开展论文合作方面,存在显著正向影响;而在国际发表的数量及与欧洲论文合作方面,存在显著负向影响。出国访学和双重流动在国际发表的贡献方面存在显著促进作用。关于流动地域,到北美地区留学对国际发表的质量产生显著正向影响。此外,留学地域对与该地域的论文合作存在显著正向影响,不过,欧洲不存在这种情况。对访学地域进一步区分后,与计算机学科类似,物理学学者不同地域的访学流动对国际发表不存在显著正向影响。

二、政策建议

第一,引进海外人才的同时,积极推动本土人才到世界一流大学访问学习与交流合作。大学不仅要设立国际交流项目、提供经费支持,而且可以通过制定国际出访推进机制,以学院或学系为单位建立海外学术网络信息库,收集各个学科领域存在互访可能的海外机构与教授信息,为有计划出访的学者牵线搭桥。一方面,通过学术网络信息共享,尽可能为每位出访教师匹配到研究方向最合适、领域内最顶尖的海外教授作为导师,提升访学效果;另一方面,出访教师也肩负不断拓宽海外学术网络的责任,将新建立的海外学术联系回馈给学院学系,依托海外学术网络信息库实现信息共建、资源共享。

第二,巩固拓展国际合作关系,创新规范国际合作机制,促进合作国家多元化。不论哪种类型的国际流动均会对国际合作产生促进作用,但当流动结束学者回国后,时空距离很可能逐渐削弱合作关系。要使国际合作具有持续性,不仅需要学者个体层面的学术互动联系,更需要大学搭建合作平台、创设互访机制,使通过国际流动建立的合作网络得到维系、巩固及拓展。通过创新规范合作机制,促进科研合作网络从个体层面上升到机构层面,乃至国家层面;合作成果从国际论文发表拓展到项目研发、技术专利转化等形式;合作内容也要与时俱进,不仅要立足中国国情,还要关注全球人类福祉。同时加强与亚太、欧洲等国家地区的学术网络联系,打破以北美为中心的全球学术系统对边缘地带国家的主导与控制,促进合作国家多元化,全球学术系统多极化发展。

第三,加强国际责任感,通过国际流动、科学研究与国际合作,发出中国声音、贡献中国智慧。承担相应的国际责任,做出与世界一流大学匹配的科研贡献,是提升我国大学国际竞争力和话语权的必经之路。通过国际流动,与不同国家、地区的一流大学建立学术交流对话,创设全球科研关系网络,积极参与到应对全球性科学挑战的过程中。通过科学研究与国际合作,充分发挥知识先锋作用,逐步将研究重点从国家情景下的具体问题转向关系全人类命运的世界性问题;研究路径从中国问题依靠国际经验提供解决方案,转变为国际问题依靠中国经验提供解决方案,从理论和实践上为世界社会经济变革发展提供科学知识支撑。

◆ 第三章
海外留学对知识生产的影响机制：
科研合作的中介效应

随着科学问题日益复杂化、学科边界日益细分以及科研方法日益专业化,学者之间进行合作研究并发表科研成果已经成为一种常态。在科学研究合作中,学者之间的知识共享、方法互鉴和灵感碰撞,为知识创新提供了强大动力。全球化的到来推动了来自不同国家的科学家、研究机构或学术团体之间的合作和交流,跨越国界的科研合作通过调动全球范围内的人才、设备、数据等资源,加快研究进程、提高研究质量、扩大研究应用、增强研究成果的国际影响力。那么,具有海外留学经历的学者是否通过科研合作使其在全球知识生产方面更具优势?本章旨在对海外留学、科研合作与知识生产之间的关系作进一步探索。

第一节　海外留学、科研合作与知识生产

从广义上看,科研合作包括学者或机构之间通过合作形式开展的各种科研活动,影响论文合作发表的因素较为多元。例如,在个体层面,早在1966年就有学者通过实证研究发现,那些知识生产水平最高的学者也是最倾向于合作开展研究的学者[1]。在组织机构层面,有学者发现研究型大学中机构规模的扩大提高了教师之间开展科研合作的可能性,进而催生了更多的科研成果[2]。也有学者发现机构是否建立了有利于形成合作的制度是影响大学教师科研合作的最关键要素之一[3]。下文将分别对海外留学如何影响知识生产,以及科研合作如何影响知识生产进行文献梳理。

---

[1] De Solla Price D J, Beaver D. Collaboration in an invisible college[J]. American Psychologist, 1966, 21(11): 1011-1018.
[2] Dundar H, Lewis D R. Determinants of research productivity in higher education[J]. Research in Higher Education, 1998, 39(6): 607-631.
[3] Ramsden P. Describing and explaining research productivity[J]. Higher Education, 1994, 28(2): 207-226.

一、海外留学对知识生产的影响

有研究发现海外的科研训练可以提高学者在国际学术期刊上的发表概率,但是,研究者认为,更重要的是跨国学术流动有助于发展中国家的学者与发达国家的学者建立起更密切的学术联系,这种联系通过转化为具体的跨国科研合作而提升了海归学者在外文期刊上的发文表现[1]。海外留学经历让海归学者既拥有在母国的关系纽带,又拥有与国外学者或者研究机构交流合作建立的国际科研合作资源,提高了海归学者的科研合作网络资本,进而提升了其科研产出[2]。一项针对阿根廷海归学者的研究发现,其在海外建立的科研合作关系有助于其科研产出的提升,海归学者相比于本土学者拥有更强的跨国共同发表文章的期望。海归学者的跨国合作发表中,有很大一部分是与当时取得学位或者工作交流过的异国机构开展的,而跨国工作经验对于提高科研产出的质量发挥着更为显著的影响作用[3]。海归教师经过本土知识与国外知识的迁移与融合,有利于思想创新,而且海外留学经历赋予学者的国际合作资源使其学术创新能力高于本土教师[4]。在国际流动中建立的合作网络有利于学者获得学术资源,发表学术论文;在同侪中建立声誉,提升被认可度;国际合作则更直接地为学者个体带来更多、更高质量的科研成果[5]。基于上述发现可以推论,海外留学对知识生产的积极影响在很大程度上是基于科研合作或合作的关系网络来实现的。

---

[1] Ynalvez M A, Shrum W M. Professional networks, scientific collaboration, and publication productivity in resource-constrained research institutions in a developing country[J]. Research Policy, 2011, 40(2): 204-216.

[2] Gibson J, Mckenzie D. Scientific mobility and knowledge networks in high emigration countries: Evidence from the Pacific[J]. Research Policy, 2014, 43(9): 1486-1495.

[3] Jonkers K, Cruz-Castro L. Research upon return: The effect of international mobility on scientific ties, production and impact[J]. Research Policy, 2013, 42(8): 1366-1377.

[4] Baruffaldi S H, Landoni P. Return mobility and scientific productivity of researchers working abroad: The role of home country linkages[J]. Research Policy, 2012, 41(9): 1655-1665.

[5] Gonzalez-Brambila C N, Veloso F M, Krackhardt D. The impact of network embeddedness on research output[J]. Research Policy, 2013, 42(9): 1555-1567.

此外,也有研究证实海归学者的知识生产是存在连续性的,在海外期间发表文章数量多的学者在回国后也发表了更多的学术论文;在海外期间拥有多段科研经历的学者也在回国后发表了更多的论文;海归教师在海外期间的导师如果是非华裔,也能显著地促进学者回国后的科研产出[①]。而且科学家归国的时间对于其学术与创新行为具有显著影响,早期回国的科学家较近年海归潮中回国的科学家有更好的学术和创新表现,拥有国外博士学位的科学家相对本土科学家在学术和创新上的表现没有显著差异[②]。

二、科研合作对知识生产的影响

有研究以教育学教师为样本,探讨科研合作与产出之间的关系,发现学者科研合作的频率越高、范围越大、程度越深,其科研产出水平越高,其中跨越国界的科研合作对学者知识生产的提升作用更加显著[③]。一项对中国植物分子生命科学领域开展的研究发现跨国合作网络促进了海归学者知识生产的提升,而且这种跨国合作关系同时有利于双方国家的科研成果产出[④]。也有研究以中国143位海归科学家为研究对象,探讨这一群体国际与国内的二元关系网络对其科研生产力的影响。研究证实跨国学术合作网络对海归学者科研产出的两个维度均有显著积极影响,而国内科研关系纽带对科研产出的影响作用则呈倒U形曲线[⑤]。早在20世纪90年代就有研究发现国际合著发表的论文的平均被引次数是那些作者仅来

---

① 孟晋宇,陈向东.中国海归学者科研产出分析及国际合作启示——以麻省理工学院和斯坦福大学归国人员为例[J].北京航空航天大学学报(社会科学版),2017,30(6):58-62.
② 鲁晓,洪伟,何光喜.海归科学家的学术与创新:全国科技工作者调查数据分析[J].复旦公共行政评论,2014(2):7-25.
③ 梁文艳,刘金娟,王玮玮.研究型大学教师科研合作与科研产出——以北京师范大学教育学部为例[J].教师教育研究,2015,27(4):31-39.
④ Jonkers K, Tijssen R. Chinese researchers returning home: Impacts of international mobility on research collaboration and scientific productivity[J]. Scientometrics, 2008, 77(2): 309-333.
⑤ 陈代还,段异兵,潘紫燕.二元关系网络对海归科学家产出的影响——以中国"青年千人计划"为例[J].中国科技论坛,2015,(9):143-147.

自一个国家的论文的两倍①。基于论文表征的学术合作关系与论文的被引次数存在正相关②③。作者来自不同国家的文章的被引次数显著高于那些作者全部来自同一个国家的合著文章④。国际合著的论文比非国际合著的论文具有更高的影响力,跨越国界的科研合作更有利于知识生产⑤⑥。不过,也有研究对此提出质疑,指出简单地比较合著者构成有可能忽视学者本身的科研水平对其知识生产的直接影响,更多地获得国际合作发表论文机会的学者可能是因为其本身的科研能力吸引了他国的研究者⑦。不论怎样,合作,尤其是跨国合作,对知识生产的积极影响不断被证实。

关于如何测量国际发表的合作水平,随着文献计量学指标的发展成熟,出现了"合著度"与"合著率"两个使用频率较高的衡量指标⑧。无论是以学者个人还是研究机构为研究对象,这两个指标都能比较贴切地衡量合作水平。其中,合著度指的是研究对象所发表论文的篇均作者数;合著率则代表研究对象合著论文占全部论文的比例。尽管后续也有研究者陆续开发了新的科研合作衡量指标,但考虑到合著率与合著度两个指标具备不介入性、可验证性强、数据稳定

---

① Narin F, Whitlow E S. Measurement of scientific cooperation and coauthorship in CEC-related areas of science[R]. Luxembourg: Office for Official Publications of the European Communities, 1990.
② Glänzel W, Schubert A. Double effort= double impact? A critical view at international co-authorship in chemistry[J]. Scientometrics, 2001, 50(2): 199-214.
③ Wuchty S, Jones B F, Uzzi B. The increasing dominance of teams in production of knowledge [J]. Science, 2007, 316(5827): 1036-1039.
④ Glänzel W, Schubert A. Double effort= double impact? A critical view at international co-authorship in chemistry[J]. Scientometrics, 2001, 50(2): 199-214.
⑤ Kumar S, Jan J M. Mapping research collaborations in the business and management field in Malaysia, 1980-2010[J]. Scientometrics, 2013, 97(3): 491-517.
⑥ Wang L, Thijs B, Glänzel W. Characteristics of international collaboration in sport sciences publications and its influence on citation impact[J]. Scientometrics, 2015, 105(2): 843-862.
⑦ Abramo G, D'Angelo C A, Solazzi M. Are researchers that collaborate more at the international level top performers? An investigation on the Italian university system[J]. Journal of Informetrics, 2011, 5(1): 204-213.
⑧ 谢彩霞.科学计量学领域科学合作研究综述[J].科学学与科学技术管理,2007,28(6): 5-8.

和获取方便等优点,本研究将其作为衡量海归学者的科研合作行为的重要指标。

第二节 研究问题与研究设计

本章节采用中介效应量化模型分析与半结构化访谈相结合的混合研究。首先,以计算机和物理两个理工类学科的海归学者为样本,通过量化分析探究海归学者的留学经历是否以及如何影响其国际发表的数量与质量,进而考察科研合作在这一过程中发挥的中介效应。随后,基于量化数据分析结果,通过半结构化访谈,对海归教师如何生成与搭建、维系、拓展科研合作网络进行深入探究。具体而言,研究问题如下:

问题一:海归学者的海外留学经历如何影响知识生产?科研合作是否在海外留学与知识生产之间存在中介效应?

问题二:如果科研合作在海外留学与知识生产之间发挥重要作用,那么,海归学者的科研合作是如何发生、维持,以及不断得到拓展的?

一、量化分析

(一)样本选取与变量设计

基于学术人才国际流动与发表数据库,考虑到理工科领域比人文社科在知识生产过程中存在规模更大、数量更多的合作,本研究仅选择理工科样本,以计算机作为应用型硬学科代表,物理学作为纯理型硬学科的代表,对科研合作在海外留学与知识生产间的中介作用进行考察。同时考虑到论文引用会有一定延迟效应,本章使用截至2017年的论文发表数据,删除变量信息缺失数据后,最终纳入数据模型分析有效样本为718个,其中计算机学科样本336个,物理学样本382个。

为考察海外留学、科研合作与知识生产三者之间的关系,本研究设计四类研究变量。关于被解释变量,本研究从国际发表的数量和质量两个维度衡量学者的知识生产。数量维度通过学者年均论文发表篇数来衡量;质量维度通过学者的论文篇均被引次数来衡量。

关于解释变量,海外留学经历包括博士学位获得地、博士毕业高校排名,以及博士获得地官方语言三组变量。关于博士学位获得地,以中国大陆为参照,设置中国大陆以外的亚太地区、北美地区以及欧洲地区三组虚拟变量。鉴于博士阶段就读高校的学术水平以及使用的学术语言也可能会影响学者的国际发表水平,本研究根据 ARWU2020[①] 排名将博士毕业高校划分为四类,以前 50 名为参照,设置 51—100 名、101—200 名、200 名之后三组虚拟变量;以非英语为参照,生成留学地官方语言为英语的虚拟变量。

关于中介变量,研究使用文献计量学方法,基于论文发表数据,生成合作者总数、合著率(合作发表的论文占比)、合著度(平均每篇论文的合作者数)、是否发生跨国合作、合作国家数五个变量,以衡量学者的科研合作水平。

关于控制变量,包括性别、学术年龄、职称。其中,因为学者的出生年份数据缺失比较严重,本研究通过计算博士毕业年数作为学术年龄进行控制。变量描述统计分析,如表 3-1 所示。

(二)分析模型

本研究假设海外留学不仅可以直接提升学者的知识生产,而且会通过中介变量科研合作间接达到这一效果。为了检验假设,本研究分别对计算机学科与物理学科依次建立三组九个不重复的模型进行数据分析。

第一组模型分析自变量与控制变量对因变量的影响,如果回归结果显著,说明海外留学会显著地影响学者的国际发表。第二组模型依次用不同的中介变量替换第一组模型中的因变量,如果回归结果依然显著,则说明海外留学会显著影响学

---

① 上海交通大学世界一流大学研究中心.软科世界大学学术排名 2020[EB/OL].(2020-08-15)[2020-12-07].https://www.shanghairanking.cn/rankings/arwu/2020.

表3-1 计算机学科与物理学科样本描述性统计

		计算机学科				物理学科			
		均值	标准差	最小值	最大值	均值	标准差	最小值	最大值
被解释变量	年均发表量	1.74	1.83	0	16	3.92	2.90	0	28
中介变量	篇均被引量	12.37	13.80	0	113.83	35.52	69.17	0	1 101.18
	合作者总数	37.34	40.80	0	283	152.58	204.50	0	2 856
	合著度	1.94	1.28	0	10	2.67	4.53	0	62
	合著率	0.94	0.21	0	1	0.98	0.07	0	1
	是否发生跨国合作(以无跨国合作为参照)	0.78	0.41	0	1	0.96	0.19	0	1
	合作国家数	2.99	2.91	0	15	8.76	7.78	0	89
解释变量	亚太地区(以中国大陆为参照)	0.11	0.31	0	1	0.05	0.21	0	1
	北美地区	0.09	0.29	0	1	0.23	0.42	0	1
	欧洲地区	0.05	0.22	0	1	0.10	0.30	0	1
	51—100名(以前50名为参照)	0.28	0.45	0	1	0.20	0.40	0	1
	101—200名	0.18	0.38	0	1	0.28	0.45	0	1
	200名之后	0.18	0.39	0	1	0.14	0.35	0	1
	英语(以非英语为参照)	0.18	0.38	0	1	0.28	0.45	0	1
控制变量	女性	0.16	0.37	0	1	0.13	0.34	0	1
	学术年龄	13.39	7.11	0	57	16.49	8.35	0	46
	副高级(以高级为参照)	0.45	0.50	0	1	0.26	0.44	0	1
	中级	0.13	0.33	0	1	0.10	0.30	0	1

者的科研合作以及跨国科研合作水平,可以继续进行中介作用检验。第三组模型将本研究的因变量、自变量、中介变量和控制变量全部纳入回归模型中,如果回归结果表明中介变量显著影响因变量,并且自变量不再显著影响因变量,或者显著性降低,则证明本研究的科研合作变量在海外留学影响其国际发表的过程中发挥完全或部分中介作用。

本研究的因变量为年均发表篇数和篇均被引次数,常规使用泊松回归进行数据分析,但是标准的泊松回归要求因变量的期望与方差相等,若不满足这一要求则需要考虑使用负二项回归方法进行分析。另外,若自变量存在较多零值,还应分析是否要在回归时考虑零膨胀等问题。经上述考量与数据检验,在计算机学科中,当因变量为年均发表篇数、合作者数量、合作国家数量时,使用标准泊松回归分析;当因变量为篇均被引次数时,选择负二项回归分析;当因变量为是否有跨国合作发表的二分变量时,选择逻辑斯特回归分析;当因变量为连续变量合著率、合著度时,使用多元线性回归方法。在物理学中,当因变量是年均发表篇数与篇均被引次数时,使用负二项回归展开分析;其他因变量的回归分析方法与计算机学科保持一致。

二、质化分析

(一)访谈对象

本章旨在探索海归学者的科研合作对其知识生产的影响机制,而"双一流"建设高校吸引了大批优秀海归学者,且在留学地、学科分布等方面具有较高异质性,所以研究者从国内最顶尖的四所"双一流"建设高校选取访谈对象。考虑到科研合作与知识生产在不同学科间存在较大差异,研究者根据学科特性又进一步从理科、工科及人文社科不同学科领域中选取被访谈对象。

研究者利用目的性抽样中的最大差异抽样法,根据海归学者的基本信息,选取不同院校、不同职称、不同留学国家以及不同回国年份的海归学者,最大限度地涵盖研究对象中的各种情况。研究根据"信息饱和原则",运用持续对比法从第一人起梳理信息的充分程度①,观察数据中是否出现新的主题或信息点②,若访谈数据没有达到饱和则继续补充样本。

研究者从院校官网上对样本高校教师的简历进行检索,收集高校教师的受教育经历、职称、国际发表等工作信息,筛选出海归学者群体后,通过电子邮件将访谈邀请信发送给符合条件的学者,在其接受访谈邀请后遵循知情同意的原则进行访谈工作。本章节使用了14名海归学者的访谈数据,其性别、职称、专业类别、留学地以及返回中国大陆的年份详见表3-2。为了保护受访者的隐私,访谈对象的具体信息如姓名、所在院校等进行了匿名化处理。

表 3-2 访谈对象基本信息

编码	留学地	回国年份	性别	职称	专业类别
A 老师	美国	2009	男	教授	理科
B 老师	日本	2009	男	副教授	工科
C 老师	法国	2019	男	副教授	理科
D 老师	美国	2012	男	教授	理科
E 老师	美国	2016	男	教授	理科
F 老师	美国	2018	男	助理教授	工科
G 老师	美国	2016	男	教授	人文社科
H 老师	美国	2011	女	教授	工科
I 老师	美国	2018	男	助理教授	理科
J 老师	意大利	2002	男	教授	理科
K 老师	美国	2021	男	教授	理科
L 老师	英国	2003	男	教授	人文社科
M 老师	美国	2021	男	助理教授	人文社科
N 老师	美国	2021	女	副教授	人文社科

---

① 潘绥铭,姚星亮,黄盈盈.论定性调查的人数问题:是"代表性"还是"代表什么"的问题——"最大差异的信息饱和法"及其方法论意义[J].社会科学研究,2010,(04):113-120.
② Guest, G, Bunce A, Johnson L. How many interviews are enough? An experiment with data saturation and variability[J]. Field Methods, 2006, 18(1): 59-82.

在 14 名受访者中,男性学者 12 名,女性学者 2 名;教授 8 名,副教授 3 名,助理教授 3 名。关于学科分布,人文社科领域的学者 4 人,理科领域 7 人,工科领域 3 人。受访学者的留学地集中于欧美国家,其中从美国留学归国的学者 10 人,从法国、意大利、日本、英国留学归国的学者各 1 人。

(二) 数据收集与分析

质性研究的数据收集方式主要有访谈法、观察法、文件档案记录等,本研究采用访谈法,通过研究者与研究对象之间的互动及研究者对研究对象的行为观察和意义构建来获得解释性理解[①]。在访谈开始之前,研究者将利用邮件发送访谈邀请,在同意接受访谈的海归学者中以谈话为主要方式进行数据收集,并在征得访谈对象同意后进行访谈内容的记录,包括文本记录和语音记录。访谈方式主要采取半结构式访谈,即"研究者对访谈的结构具有一定的控制作用,但同时也允许受访者积极参与。通常研究者事先备有一个粗线条的访谈提纲,根据自己的研究设计对受访者提出问题"[②]。本研究在既有访谈提纲的基础上,询问受访者开放性的访谈问题,对海归学者的科研合作与知识生产过程进行深度挖掘,使研究对象曾经经历过并留下深刻印象的、鲜活的事件得以再现,以期从中发现海归学者的科研合作在知识生产过程中的生成与作用机制。

在收集到访谈资料后,对访谈资料进行文本整理和语音转录。在语音转录成文本资料时,为保护研究参与者的隐私,对受访者进行编码,隐去其姓名等个人隐私信息。随后将 14 份时长 60 分钟左右的访谈录音转录为文本,导入 MAXQDA2020 质性分析软件,对文本进行分段和贴标签并加以描述和拓宽主题的分析。资料分析使用施特劳斯和科尔宾(Anselm L. Strauss and Juliet

---

① 陈向明.质的研究方法与社会科学研究[M].北京:教育科学出版社,2000.
② 潘绥铭,姚星亮,黄盈盈.论定性调查的人数问题:是"代表性"还是"代表什么"的问题——"最大差异的信息饱和法"及其方法论意义[J].社会科学研究,2010(04):113-120.

M. Corbin)[①]在扎根理论研究中提出的三级编码体系对数据进行处理,编码步骤主要包括开放式编码、主轴编码以及选择性编码。首先,研究者根据材料内容进行开放式编码。开放编码的过程类似一个漏斗,开始时的范围比较宽,旨在将原始数据进行拆分,以获取资料分析的新视角。在操作方面,利用"逐行分析"法对资料中出现的相似现象进行概念化,形成初级编码,随后不断地缩小范围。然后,研究者进行主轴编码。通过自下而上地分析获得基本的开放式编码后,对各编码之间的关系进行梳理与系统分析,在众多初级编码中寻找核心类目。最后,对选择编码进一步概念化,围绕核心类目将不同的类属联系起来,并进一步明确核心类属与次级类属的逻辑关系,整合研究问题与编码体系[②],以求完整深入地探讨海归学者科研合作的生成、搭建、维系与拓展的过程。

第三节　科研合作的中介效应分析

本章以计算机学科与物理学两个学科为例,分别搭建了三组九个计量模型,以分析检验科研合作在海外留学与知识生产之间的中介效应。

一、计算机学科

(一)海外留学与知识生产、科研合作的关系

在表3-3中,第一组两个模型探讨了留学经历相关变量及控制变量对知识生产的影响。关于留学地域对学者国际发表数量的影响,相对于本土学者,在亚太地区以及北美地区获得博士学位的海归学者仅拥有数量维度的国际发表优势,在

---

① Strauss A L, Corbin J M. Basics of qualitative research: Grounded theory procedures and techniques[M]. Indian: Sage Publications, 1990.
② 陈向明.扎根理论在中国教育研究中的运用探索[J].北京大学教育评论,2015,13(01):2-15+188.

欧洲获得博士学位的海归学者则没有表现出国际发表优势。在质量维度上，不论在哪里留学对国际发表质量均无显著影响。关于留学高校排名，毕业于前50名高校的计算机学科学者仅相对于毕业于51—100名高校的学者拥有显著更多的国际论文年均发表篇数与篇均被引次数。在英语国家获得博士学位的学者则相对于非英语国家毕业的学者拥有显著更多的篇均被引次数。对控制变量的分析结果显示，男性学者的发表数量比女性显著更多，而发表质量在性别方面无显著差别。相对于高级职称，副高级与中级职称的学者发表的论文数量和篇均被引次数均显著更少。

表3-3　计算机学科样本海外留学对知识生产与科研合作的影响

	组(一)		组(二)				
	模型1	模型2	模型1	模型2	模型3	模型4	模型5
	年均发表篇数	篇均被引次数	合作者数量	合著度	合著率	是否跨国合作	合作国家数量
女性(以男性为参照)	−0.305** (0.137)	0.14 (0.138)	−0.259*** (0.029)	−0.200* (0.116)	−0.024 (0.159)	−0.159 (0.186)	−0.359*** (0.107)
学术年龄	−0.003 (0.007)	−0.007 (0.009)	0.018*** (0.001)	−0.015** (0.007)	−0.003 (0.010)	−0.005 (0.011)	0.006 (0.005)
副高级(以高级为参照)	−0.618*** (0.105)	−0.242* (0.131)	−0.657*** (0.023)	0.180* (0.101)	−0.037 (0.140)	−0.215 (0.155)	−0.603*** (0.080)
中级	−0.657*** (0.169)	−0.489** (0.197)	−0.939*** (0.042)	0.280** (0.142)	−0.052 (0.213)	−0.068 (0.227)	−0.650*** (0.132)
亚太地区(以中国大陆为参照)	0.364** (0.161)	−0.079 (0.227)	0.523*** (0.033)	0.079 (0.188)	0.074 (0.257)	0.27 (0.261)	0.495*** (0.118)
北美地区	0.384* (0.219)	0.254 (0.301)	0.721*** (0.047)	0.474** (0.220)	0.083 (0.323)	0.286 (0.333)	0.379** (0.164)
欧洲地区	−0.141 (0.219)	0.274 (0.251)	−0.246*** (0.049)	0.100 (0.214)	0.051 (0.288)	0.056 (0.310)	0.089 (0.151)
51—100名(以前50名为参照)	−0.296*** (0.114)	−0.497*** (0.129)	−0.266*** (0.024)	0.002 (0.100)	−0.053 (0.146)	−0.178 (0.163)	−0.346*** (0.088)
101—200名	−0.171 (0.122)	−0.197 (0.146)	−0.352*** (0.027)	0.068 (0.117)	−0.002 (0.167)	−0.149 (0.186)	−0.271*** (0.095)

续　表

	组(一)		组(二)				
	模型 1	模型 2	模型 1	模型 2	模型 3	模型 4	模型 5
	年均发表篇数	篇均被引次数	合作者数量	合著度	合著率	是否跨国合作	合作国家数量
200 名之后	0.225	−0.258	0.103***	0.04	−0.033	−0.13	0.195*
	(0.153)	(0.222)	(0.032)	(0.179)	(0.255)	(0.277)	(0.116)
英语(以非英语为对照)	−0.081	0.492**	−0.142***	−0.244	−0.033	−0.013	−0.035
	(0.179)	(0.244)	(0.040)	(0.188)	(0.265)	(0.272)	(0.131)
常数项	0.973***	2.765***	3.755***	0.735***	0.017	−0.04	1.367***
	(0.152)	(0.205)	(0.032)	(0.156)	(0.216)	(0.233)	(0.113)
Sigma/ lnalpha_cons		−0.330***					
		(0.087)					
Pseudo R^2	0.079	0.024	0.287	0.026	0.001	0.014	0.121

注：括号内为标准误；* $p<0.1$，** $p<0.05$，*** $p<0.01$。

根据中介效应检验程序，第二组五个模型，分别考察留学经历相关自变量与控制变量对中介变量的影响。根据回归结果可见，在合作者数量上，无论在亚太还是北美获得博士学位的海归学者，都拥有相比于本土学者更多的合作者总数，但是欧洲海归的合作者总数显著少于本土学者。在合著度上，北美海归学者比本土学者有更多的篇均合作者数量。与本土教师相比，亚太海归学者在过去三十年间建立科研合作关系的国家数量最多，北美海归学者次之。另外，博士毕业高校排名显著影响合作者数量与合作国家数量，与前 50 名大学相比，毕业于排名 51—100 和 101—200 的大学的学者，拥有的合作者与合作国家数量显著更少。相比于非英语国家，留学地官方语言为英语的学者，拥有的合作者数量显著更少。关于控制变量，女性学者拥有更低的合作者数量、合著度和合作国家数量；学术年龄越大的学者拥有更多的合作者数量，但更低的合著度；与高级职称相比，拥有副高级和中级职称的学者拥有显著更少的合作者和合作国家数量，但更高的合著度。

（二）合作与跨国合作的中介效应检验

表3-4报告了计算机学科学者的科研合作在海外留学与知识生产之间的中介效应检验结果，第三组中的模型1和3与第一组的模型1和2的结果一致，考察海外留学对国际发表的影响。在此基础上，模型2和4则将科研合作变量加入计量模型，检验其中介效应。分析结果发现，与越多学者建立科研合作关系，学者国际论文的年均发表数量越高；通过合作发表的论文比例越高，学者国际论文的篇均被引次数越高。但是，合著度越高的学者，其年均发表篇数反而会降低。也就是论文篇均合作者人数越多，国际发表数量却越低。发生跨国合作的学者年均发表篇数显著更高，而且合作国家数量越多，学者的年均发表篇数与篇均被引次数均显著越多。

表3-4 计算机学科样本科研合作的中介效应

	组（三）			
	模型1	模型2	模型3	模型4
	年均发表篇数	年均发表篇数	篇均被引次数	篇均被引次数
女性（以男性为参照）	−0.305**	−0.128	0.14	0.208
	(0.137)	(0.141)	(0.138)	(0.130)
学术年龄	−0.003	−0.019**	−0.007	−0.005
	(0.007)	(0.008)	(0.009)	(0.009)
副高级（以高级为参照）	−0.618***	−0.03	−0.242*	−0.091
	(0.105)	(0.119)	(0.131)	(0.123)
中级	−0.657***	0.04	−0.489**	−0.19
	(0.169)	(0.188)	(0.197)	(0.188)
亚太地区（以中国大陆为参照）	0.364**	−0.346**	−0.079	−0.338
	(0.161)	(0.170)	(0.227)	(0.212)
北美地区	0.384*	−0.331	0.254	0.086
	(0.219)	(0.243)	(0.301)	(0.286)
欧洲地区	−0.141	−0.251	0.274	0.201
	(0.219)	(0.215)	(0.251)	(0.238)
51—100名（以前50名为参照）	−0.296***	−0.045	−0.497***	−0.339***
	(0.114)	(0.116)	(0.129)	(0.123)
101—200名	−0.171	0.215*	−0.197	−0.119
	(0.122)	(0.126)	(0.146)	(0.138)

续表

	组(三)			
	模型 1	模型 2	模型 3	模型 4
	年均发表篇数	年均发表篇数	篇均被引次数	篇均被引次数
200 名之后	0.135 (0.153)	0.248 (0.156)	−0.178 (0.222)	−0.749 (0.209)
英语(以非英语为对照)	−0.081 (0.179)	0.223 (0.189)	0.492** (0.244)	0.597*** (0.225)
合作者数量		0.009*** (0.001)		−0.001 (0.002)
合著度		−0.309*** (0.054)		−0.054 (0.044)
合著率		2.266*** (0.668)		2.142*** (0.400)
是否跨国合作(以无跨国合作为参照)		0.412** (0.182)		0.215 (0.157)
合作国家数量		0.039* (0.021)		0.073** (0.029)
常数项	0.973*** (0.152)	−1.810*** (0.668)	2.765*** (0.205)	0.229 (0.407)
Sigma/ lnalpha_cons			−0.330*** (0.087)	−0.521*** (0.090)
Pseudo R^2	0.079	0.308	0.024	0.052

注：括号内为标准误；* p＜0.1，** p＜0.05，*** p＜0.01。

科研合作变量进入计量模型后，在数量维度，北美留学对学者国际发表的影响不再显著，亚太留学对学者国际发表影响系数变小但仍显著，这说明科研合作变量在北美、亚太留学影响国际发表数量方面整体上起到中介效果，特别是在北美留学中起到完全中介效果。其中，合著度对国际发表数量具有负面影响，在留学经历对国际发表数量的影响中发挥抑制作用；而合作者数量和合作国家数量发挥中介作用，而且中介作用大于抑制作用，所以整体上显现出中介效果。即北美、亚太留学通过提高学者的合作者总数和合作国家数量，间接提高了学者的年均发表篇数；同时通过提高学者的合著度，间接降低了学者的年均发表篇数。提高的年均发表篇数大于降低的年均发表篇数,所以整体上北美、亚太留学学者年均发表篇数显著更高。在质量维度,如前所述,不论去哪里留学均对国际发表质量无显著影响,所以不再讨论科研合作在海外留学与国际发表质量之间的中介效应。

二、物理学

(一) 海外留学与知识生产、科研合作的关系

在表3-5中,第一组两个模型探讨了留学经历相关变量及控制变量对知识生产的影响。关于留学地域对学者国际发表数量的影响,相对于本土学者,在北美、欧洲地区获得博士学位的海归学者的国际论文年均发表篇数显著更低。在对国际发表质量的影响方面,北美海归的篇均被引次数显著高于本土学者。毕业于前50名高校的物理学学者相对于毕业于51—100名高校的学者拥有显著更多的年均发表篇数,相对于毕业于200名以上高校的学者拥有显著更多的篇均被引次数。相对于非英语国家毕业的学者,在英语国家获得博士学位的学者拥有显著更多的年均发表篇数。对控制变量的分析结果显示,男性学者的国际发表数量比女性学者显著更多,而发表质量在性别方面无显著差别。学术年龄对年均发表论文篇数无显著影响,但学术年龄更大的学者,国际论文篇均被引次数更少。相对于高级职称,副高级与中级职称的学者的国际论文年均发表篇数显著更少,篇均被引次数也显著更少。

表3-5 物理学样本海外留学对知识生产与科研合作的影响

	组(一)		组(二)				
	模型1	模型2	模型1	模型2	模型3	模型4	模型5
	年均发表篇数	篇均被引次数	合作者数量	合著度	合著率	是否跨国合作	合作国家数量
女性(以男性为参照)	−0.267** (0.105)	0.026 (0.123)	−0.235*** (0.015)	0.213** (0.084)	−0.011 (0.157)	−0.033 (0.161)	−0.250*** (0.061)
学术年龄	0.004 (0.004)	−0.030*** (0.006)	0.012*** (0.001)	−0.026*** (0.005)	−0.001 (0.007)	0.000 (0.007)	0.008*** (0.002)

续 表

	组(一)		组(二)				
	模型1	模型2	模型1	模型2	模型3	模型4	模型5
	年均发表篇数	篇均被引次数	合作者数量	合著度	合著率	是否跨国合作	合作国家数量
副高级(以高级为参照)	−0.492*** (0.086)	−0.493*** (0.104)	−0.544*** (0.012)	0.146* (0.078)	−0.004 (0.131)	−0.073 (0.134)	−0.546*** (0.050)
中级	−0.388*** (0.127)	−0.415*** (0.150)	−0.244*** (0.016)	0.515*** (0.096)	0.013 (0.189)	−0.03 (0.193)	−0.263*** (0.068)
亚太地区(以中国大陆为参照)	−0.312 (0.212)	0.094 (0.270)	−0.365*** (0.030)	−0.626** (0.256)	0.006 (0.343)	−0.033 (0.348)	−0.464*** (0.130)
北美地区	−0.720*** (0.220)	0.756*** (0.289)	0.060* (0.033)	−0.171 (0.236)	−0.015 (0.362)	−0.073 (0.366)	−0.157 (0.130)
欧洲地区	−0.339** (0.156)	0.163 (0.206)	−0.407*** (0.020)	−0.137 (0.144)	0.007 (0.239)	−0.098 (0.245)	−0.308*** (0.085)
51—100名(以前50名为参照)	−0.215** (0.091)	−0.072 (0.119)	−0.257*** (0.013)	0.163* (0.092)	0.002 (0.147)	−0.015 (0.149)	−0.076 (0.050)
101—200名	−0.082 (0.080)	−0.211* (0.108)	0.013 (0.010)	0.052 (0.087)	0.002 (0.133)	0.024 (0.134)	0.107** (0.043)
200名之后	0.088 (0.167)	−0.623*** (0.211)	0.355*** (0.021)	0.977*** (0.112)	0.026 (0.263)	−0.122 (0.278)	0.158 (0.097)
英语(以非英语为对照)	0.432** (0.200)	−0.051 (0.265)	−0.178*** (0.030)	0.213 (0.219)	−0.005 (0.332)	0.072 (0.336)	0.163 (0.121)
常数项	1.626*** (0.108)	4.033*** (0.146)	5.064*** (0.014)	1.064*** (0.112)	0.002 (0.178)	−0.014 (0.179)	2.214*** (0.058)
Sigma / lnalpha _ cons	−2.098*** (0.206)	−0.507*** (0.071)					
Pseudo R^2	0.046	0.035	0.116	0.115	0	0.001	0.079

注:括号内为标准误;* $p<0.1$,** $p<0.05$,*** $p<0.01$。

第二组五个模型分别考察留学经历相关自变量与控制变量对中介变量的影响。在合作者数量方面,相比于本土学者,北美海归学者拥有显著更高的合作者数量,亚太和欧洲海归学者拥有显著更低的合作者数量与合作国家数量,亚太海归学者的合著度也显著更低。相对于排名前50高校,博士毕业于排名51—100高校的学者的合作者数量更少,但合著度更高;毕业于排名 101—200 高校的学者拥有更多合作国家数量;毕业于 200 名之后高校的学者拥有更多的合作者数量与更高的合著度。与非英语国家相比,留学地官方语言为英语的物理学学者,拥有显著更少的合作者数量。对于控制变量,女性学者拥有更低的合作者数量和合作国家数量,但更高的合著度。与计算机学科学者相同,学术年龄越大的物理学学者拥有更多的合作者数量,但更低的合著度;与高级职称相比,拥有副高级和中级职称的学者拥有显著更少的合作者和合作国家数量,但更高的合著度。

(二) 合作与跨国合作的中介效应检验

表 3-6 报告了物理学学者的科研合作在海外留学与知识生产之间的中介效应检验结果,第三组中的模型 1 和 3 与第一组的模型 1 和 2 的结果一致,考察海外留学对知识生产的影响。在此基础上,模型 2 和 4 则将科研合作变量加入计量模型,检验其中介效应。分析结果发现,与越多学者建立科研合作关系,学者国际论文的年均发表数量越高;通过合作发表的论文比例越高,学者国际论文的年均发表篇数和篇均被引次数越高。但是,合著度越高的学者,其年均发表篇数反而越低。也就是论文篇均合作者人数越多,国际发表数量越少。发生跨国合作的学者年均发表篇数与篇均被引次数均显著更高;合作国家数量越多,学者的年均发表篇数显著更高。

表 3-6 物理学样本科研合作的中介效应

	组(三)			
	模型 1	模型 2	模型 3	模型 4
	年均发表篇数	年均发表篇数	篇均被引次数	篇均被引次数
女性(以男性为参照)	−0.267**	−0.125	0.026	0.076
	(0.105)	(0.090)	(0.123)	(0.120)
学术年龄	0.004	−0.009**	−0.030***	−0.028***
	(0.004)	(0.004)	(0.006)	(0.006)
副高级(以高级为参照)	−0.492***	−0.283***	−0.493***	−0.402***
	(0.086)	(0.074)	(0.104)	(0.103)

续 表

	组(三)			
	模型 1	模型 2	模型 3	模型 4
	年均发表篇数	年均发表篇数	篇均被引次数	篇均被引次数
中级	−0.388***	−0.134	−0.415***	−0.410***
	(0.127)	(0.109)	(0.150)	(0.148)
亚太地区(以中国大陆为参照)	−0.312	−0.299*	0.094	0.148
	(0.212)	(0.177)	(0.270)	(0.264)
北美地区	−0.720***	−0.719***	0.756***	0.741***
	(0.220)	(0.180)	(0.289)	(0.280)
欧洲地区	−0.339**	−0.209	0.163	0.19
	(0.156)	(0.134)	(0.206)	(0.198)
51—100 名(以前 50 名为参照)	−0.215**	−0.161**	−0.072	−0.089
	(0.091)	(0.075)	(0.119)	(0.115)
101—200 名	−0.082	−0.106	−0.211*	−0.243**
	(0.080)	(0.065)	(0.108)	(0.104)
200 名之后	0.078	0.054	−0.595***	−0.627***
	(0.167)	(0.138)	(0.211)	(0.204)
英语(以非英语为对照)	0.432**	0.439***	−0.051	−0.048
	(0.200)	(0.164)	(0.265)	(0.258)
合作者数量		0.001***		0
		0.000		0.000
合著度		−0.185***		0.016
		(0.022)		(0.011)
合著率		2.232***		1.588**
		(0.670)		(0.697)
是否跨国合作(以无跨国合作为参照)		0.658***		0.892***
		(0.245)		(0.228)
合作国家数量		0.020***		0.012
		(0.003)		(0.008)
常数项	1.626***	−1.073	4.033***	1.346*
	(0.108)	(0.699)	(0.146)	(0.718)
Sigma/ lnalpha_cons	−2.098***	−13.773	−0.507***	−0.601***
	(0.206)	(674.653)	(0.071)	(0.072)
Pseudo R^2	0.046	0.154	0.035	0.047

注：括号内为标准误；* $p<0.1$，** $p<0.05$，*** $p<0.01$。

科研合作变量进入计量模型后,在数量维度,北美留学依然显著负向影响年均发表篇数,而且系数减小幅度可以忽略不计;欧洲留学系数绝对值变小且不再显著,这说明科研合作变量仅在欧洲留学影响国际发表数量中起到完全中介效果。与计算机学科的中介效应相似,其中合著度对国际发表数量具有负面影响,在留学经历对国际发表数量影响中发挥抑制作用;而合作者数量和合作国家数量发挥中介作用,而且中介作用大于抑制作用,所以整体上显现出中介效果。即欧洲留学通过降低学者的合著度,间接提高了学者的年均发表篇数;同时通过降低学者的合作者总数和合作国家数量,间接降低了学者的年均发表篇数。提高的年均发表篇数不及降低的年均发表篇数,所以整体上欧洲留学学者年均发表篇数显著更低。

在质量维度,亚太和欧洲留学并不显著影响篇均被引次数,因而不再讨论科研合作的中介作用;北美留学能够显著提升篇均被引次数,但是科研合作类变量进入模型后,这种影响的显著性并没有发生变化,表明科研合作并不在北美留学影响国际发表质量的过程中发挥中介作用。

第四节　科研合作的生成、维系与拓展

一、科研合作的生成与搭建

(一)留学期间科研合作的生成

关于留学期间的科研合作,多数受访者表示最直接、最主要的合作发生在师生之间,导师是最重要的合作者。与导师的合作过程主要包括共同参与课题、定期讨论、修改论文等。关于课题的合作,受访者 C 老师在博士留学期间跟随导师加入了所在领域的大合作组,在这个合作组中,与导师有两种合作形式:当与导师合作完成一个课题时,每人负责研究一部分,最后将各自的研究进行合并,形成一个完整的研究。当有多个研究课题时,如有三个研究课题即

三个研究方向时,C老师主要负责其中一个课题,同时辅助另外两个课题的进展。

在与导师的合作中,定期讨论是推动合作进程的重要方式。B老师表示在与导师合作的过程中,导师非常注重与学生的交流。E老师也表示,导师不会手把手地与他互动,但是会坚持每周固定一个时间与他讨论。即使并不是每一周的讨论都能有明确的结果,但是定期讨论这个习惯对于他开展合作非常重要。

"比如说,他会每天下午五点来到实验室,每个学生要给他讲自己今天做什么,因为他的学术是非常高深的,然后就会给你提很多问题。"

——B老师

"每一个礼拜,他一般给你半个小时,如果更好的话给你一个小时,有很多次,他用一个小时来专门评价我的工作,提出你这个地方怎么行,怎么不行,主要是指导性的。"

——L老师

此外,在与导师的合作中,导师会从学术写作的专业角度对论文的修改提供指导与建议,例如E老师的导师非常注重论文写作中专业术语的表达,通过合作帮助他从细节处提升论文质量。G老师的导师能够在专业领域排前五的期刊上发论文,因此在与导师的合作中,他也会以发表顶级期刊论文为目标。

"导师一轮一轮地改这个论文需要花很多时间……这个过程一遍遍走,如果认真走下来一篇论文,你的写作能力就会得到很大提高了。"

——E老师

"跟我导师在合作的时候,我就被要求发顶刊了。"

——G老师

在留学期间,海归学者还会通过课程结识到导师之外的合作者,如任课老师、同学等。如N老师的一个典型合作者是在其博士留学期间接触的一位老师,由于研究方向的类似以及同系老师的牵线搭桥,两人达成了长期稳定的合作关系。

> "因为我们的研究方向相对来说比较像,都是跟叙事有关的。他已经退休了,当时我刚博一,他原本希望在系里面找学生帮他处理数据什么的,另外一个系里面在职的老师听说后,就介绍我们认识了,接下来我们就合作了好几年。"
>
> ——N 老师

M 老师的合作关系较多是通过上同一门课结识的同学,基于共同的研究兴趣,找到合作的可能。不过,合作关系可能更多停留在论文署名上,未能深入到研究探讨或论文撰写的实质过程当中。

> "比如说修了同一门课,然后大家觉得研究的兴趣和方向也比较相似和一致,互相带一下。"
>
> ——M 老师

对于 B 老师来说,他通过与一位博士班同学的科研合作,了解到了顶级国际期刊的发表机制,对其论文发表产生了至关重要的影响。在合作中,B 老师主要发挥理论方面的特长,与同学的研究结合。他的第一篇顶级期刊论文就是与博士同学合作完成的,并基于此后续开展了一系列合作。

> "这种机制反正就像一个 factory(工厂)一样,就像我刚才说,有人负责实践,有人负责理论,有人负责把名字贡献出来,这是一个机制,你如果进入这个机制,可能发论文就会好一点。"
>
> ——B 老师

此外,海归学者在读博士期间也会通过参与国际会议、在其他科研机构开展科学实验等时机,寻找合作伙伴、发展科研合作关系。

> "(博士期间的合作者中)有一些是我在会议上认识的。会议上认识的人,你跟他讨论,发现有一些东西可以一起做一做。这就很自然合作了,我(留学期间)的一些论文是这样写出来的。"
>
> ——E 老师

"因为做实验不光是在学校里面,有时候会去外面一些科研机构做实验,那个时候也会认识一些人,然后会跟他们合作。"

——K 老师

(二)留学期间合作网络的搭建

在留学期间,导师不仅扮演着合作者的重要角色,更是学生与学术共同体之间建立联系的桥梁。G 老师讲述了导师如何鼓励他与其他学者交流、建立联系,为开展合作提供可能。

"我的导师就会让我去跟一些我们学院的老师聊,有可能我的研究跟他们能产生一点关联,他都鼓励我,暗暗地,他如果直接让我去的话也不好,所以他真的是循循善诱,让我跟他们去聊。我以前读博士的时候都没有感觉到这个事情多么重要,但是现在随着我的成长,我发现这些东西真的蛮重要的,我现在听跟我方向不是很近的人的讲座,都能听出他里面的一堆问题,能找出跟他可能合作的(机会)。"

——G 老师

也有导师将推动博士生融入学术共同体视为自己的一种责任,利用自身在学术界积累的学术联系,不断拓展学生的学术关系网络。

"这也是大家博士期间的一个正常的生态状态,导师在他组里面,他觉得做得比较好的学生,他应该有责任去 promote(推动)他跟整个 community(学术界)其他人认识,然后让其他的人都知道学生的工作。这样的话别人有什么样的机会的时候,大家会想到这个学生。这是另外一个好的地方,不能算好,我觉得应该做到的事情。就是说,读得好的 Ph.D.(博士)在他高年级,就是第 4 年、第 5 年或者第 6 年的时候,基本上这个领域内都是知道的,他实际上是一个已经知名的状态,就是这个领域内说起他大家都知道他做的什么事情。"

——I 老师

留学期间的合作关系拓展，不仅体现在由导师促成的与学术共同体的连接上，也经常渗透在餐厅、咖啡厅等日常生活场所中，这种非正式的学术交流对于学术氛围的营造至关重要。J老师表示在留学期间，学术交流通常充斥在生活中，模糊工作与生活的边界。咖啡时间和午餐时间的学术探讨是比较常见的，这种非正式交流为学者提供了信息渠道，使学者置身于一个催化合作发生的学术环境之中。

"这种informal（非正式）的聊天，informal（非正式）的讨论，充斥在你整个生活中间，这样就完全不一样。……这是一个环境、一个氛围，这个氛围很重要，相互之间知道你在干什么，然后我也知道你在干什么，我觉得你这东西好就可以借鉴，我个人感觉氛围很重要。"

——L老师

"在国外的话，我觉得是这样，感觉起来他们有比较好的这种讨论的气氛，经常在一块讨论，国内这方面肯定是有点欠缺的。国外的文化就是咖啡文化了，你和别人边喝咖啡边讨论，大家也经常一块出去吃饭，然后到比如说一个Bar里面，五六个人在一个桌子上吃饭，然后喝咖啡的时候，大家就聊天，这种气氛很好。国内我不知道是不是条件不够，比如说你去学校餐厅吃饭，人那么多，你根本找不到一张桌子，只能够坐那么多人嘛，然后声音也是蛮嘈杂的。你和学生在一块，没有这种lunch meeting（午餐会）的气氛在里面，当然也没有形成一个coffee time（咖啡时间），如果大家能在一块聊聊天什么的，讨论一些问题，我觉得还有蛮有趣的。"

——J老师

二、科研合作的维系与拓展

当留学结束回到中国大陆，海归学者一方面会与海外导师、同学及在博士期间建立的其他学术人脉保持联系，延续博士期间已有的合作网络；另一方面，也会在国内外发展新的科研合作对象,探索新的合作可能。

(一) 归国之后合作关系的维系

与海外导师和同学的科研合作联系不仅会持续到海归学者回到中国大陆,还会随着海归学者自身科研团队的建立与壮大,不断得到巩固与拓展。在回国后,G老师与海外导师保持着与博士期间较为相似的合作方式,基于共同感兴趣的项目,分工合作,不同的是,当年的留学生如今已经可以带着自己的学生参与子课题研究,最后再将两边课题组的研究成果进行整合。同样,A老师也通过推荐学生访学、邀请导师来华等交流项目维护与海外导师的科研合作关系。B老师从日本留学归国后,与他的导师会固定每年进行互访。很多像A老师与B老师这样的学者都与海外导师保持着超过十年的合作关系。

> "我派了一个学生,他(学生)是国家留学基金委资助的,然后到他(导师)那儿做了一个project(项目),然后我们共同合作了一个project(项目)。我之前在中国科学院,中国科学院有一个国际交流的小项目,然后我帮他(导师)申请了一个,就是以他的名义申请到中国,来工作了半年,几个月的样子,所以在那个过程中我们又合作写了一篇论文。"
>
> ——A老师

> "我跟在日本的博士和博士后导师基本上有超过10年的(联系),2019年左右还在合作发表论文。"
>
> ——B老师

> "我们还是每年固定有两次的workshop(研讨会),我们去日本一次,他们来中国一次,仅限于讨论大家各自的研究进展,不发文章。"
>
> ——B老师

另一方面,留学期间结识的同学在海归学者回国后的科研合作网络中仍然占据重要地位,影响着海归学者归国后的合作发表。受访者F老师目前的国际合作者比较多,其中大部分是博士留学期间的一些同学。L老师也表示会与留学期间的博士同学保持联系，寻找合作的可能。

> "我们毕竟研究方向是差不多的，当然还是偶尔会讨论一下 idea，然后一起写 paper（论文）。"

——F 老师

回国后，国际会议是海归学者进行学术交流、维系科研合作关系的重要平台。F 老师提到他在回国后，主要在会议上与不同的学者讨论交流，这些会议既有研究领域中的一些定期举行的会议，也有通过互相邀请的方式进行的小型学术研讨会。

> "我们每年都会在这个会议见面，经常会交流……有时候我会邀请他们到我这边做访问，做 talk，有时候他们会找我去他们学校交流。"

——F 老师

（二）归国之后合作网络的拓展

除了维系与海外导师、同学之间的合作关系，海归学者在留学期间与其他国际学者建立的低亲密度、低交往频率的弱关系也为其在将来拓展出新的合作伙伴埋下伏笔，使后续的科研合作变得更加容易。

> "因为之前的一些接触，所以之后合作起来也比较顺理成章，比较容易。"

——F 老师

除弱关系外，海归学者的研究成果也孕育着开展新的合作的可能性。这些发表出版的研究成果经常在不认识的学者之间发挥桥梁作用。一方面，研究发表可以为其他学者提供灵感和思路，还可能提供必要的技术和方法支持，从而推动新的科研合作的发生。另一方面，这些基于已有研究成果的合作，不论是推进式的合作，还是修正式的，不断推动着科学发展与知识创造。

> "你要看别人论文对吧，人家也要看你的论文，我觉得主要还是别人看到你的论文，觉得很有意思，然后邀请你去做一个报告，然后很自然地就建立了

这种这关系。"

——A 老师

"认识以后,比如说别人写了一篇论文,有这个问题,那么你针对这个问题提出一个方案,或者提出不同的观点,就很容易合作起来。"

——D 老师

回国之后,国际会议既是维系之前合作网络的重要媒介,也成为拓展全新合作关系的主要渠道。会议上的任何交流探讨,甚至一个好的问题,都可能演变为一次合作机会。B 老师是所在领域的理论研究方面的专家,被国外的学者邀请做报告,由此结识了很多在该领域内做应用的学者,后来与这些学者进行了较多的合作,积累了更多的科研发表。

基于上述对留学归国前后学者科研合作的分析可以看出,一方面,海外留学确实为科研合作提供了便利与机会,进而产出数量更多、影响力更大的科研成果。尤其对青年学者而言,向上开展科研合作能够促进信息、资源和专业知识的共享。通过合作更有可能获得广泛的信息和资源,如研究项目所需的数据、设备或专业知识;也更有可能公开分享想法、数据和专业知识,找到新的研究问题和方法,做出更好的决策,更有效地解决问题,进而产生更具创新性和有影响力的研究成果。G 老师认为在国外可以接触到研究领域的顶级研究人员,尤其当师从顶级学者的时候,可以近距离感受如何去做研究领域内顶级的研究。

"好比说你要跟着你老板去爬一座山,爬珠穆朗玛峰,如果他从来都没有爬过一座 1 千米的山的话,他不可能教你去爬 8 千米的山的。如果说山就是你老板经常爬的那座的话,那么你会相对知道这个东西有多难,然后你知道这个东西要做什么准备,这个东西有一个借鉴和指导的话,就不用你自己再去探索,这样会节省很大的时间成本。"

——G 老师

另一方面,科研合作能够更有效地推广学者的研究发现,提高研究者在领域内的可见度和影响力。尤其是与领域内具有国际影响力的专家合作,能够帮助青年学者获取学术认可,更好地融入学术共同体,更好地连接潜在合作者,了解各自的优势和专业领域,进而带来新的合作、资金和认可机会。受访者 A 老师和 B 老师都提到与影响力更大的学者合作,是年轻学者获得更多的学术承认、增加同行认可度的方式之一。

"和这些比较牛的人合作的话,从某种意义上也提高了自己在国内科研领域的显示度,显示度高了,那么以后去争取一些学术资源,就方便了很多。"

——A 老师

"他们对我,比如说我个人的内省的提升、个人的知识、国际视野、同行认可、影响力(都有很大的影响)……牛津大学是顶级的大学,我以前读人家的论文,现在他们就在面前。他们有时候觉得 ok,我知道你了,我知道你的研究了,有的认可,有的不认可,但我知道了你的研究,这对于影响力的提升以及同行的评议会更好,国外的要更重要一点。"

——B 老师

但是,对科研合作而言,海外留学也并非全无不利影响。因为长期远离本土,与国内的学术联系较少,海归学者在回国初期,甚至相当长的一段时间,在发展国内科研合作关系以及进行科研项目的申请上都存在一定困难。如 F 老师和 M 老师分别于 2018 与 2021 年归国,均表示归国后较难发展国内的科研合作网络,并指出国内学术关系网络较弱,不利于合作发表。

"项目方面的话,因为我之前都是待在国外,所以我在国内其实认识的人很少,横向的项目一开始确实是很困难的,就需要你找到业界跟业界的合作,对我来说一开始还是挺困难的。"

——F 老师

"跟国内的(学者)相比,弱的或者说不太好的方面,可能确实在国内的学术关系网比较弱一些,我一般都是自己单干,回来以后干活都是自己单干,也没有什么老师或者说同门,认识的人也不太多。"

——M 老师

第五节 小结与建议

一、本章小结

首先,海外留学对提升知识生产的作用因学科、因地域而异。在计算机学科中,与本土学者相比,亚太和北美海归学者在国际发表数量上表现更好,欧洲海归学者则不存在国际发表优势。在物理学中,仅北美海归学者在国际发表质量上表现更好,亚太和欧洲海归学者均无国际发表优势。海外留学对知识生产的影响差异受到不同国家地区科研训练方式与水平及科研文化的影响,也因不同地区使用的官方学术语言不同而有所差异。此外,各个国家地区的科研评价体系不同也意味着学者在科研活动中的价值导向不同,对科研成果的期待和追求不同,最终影响到学者在知识生产上表现出不同特质。更重要的是,不同国家地区在全球科研网络中所处位置与话语权不同,这意味着到不同国家留学带给学者的科研合作关系网络截然不同。而获取网络中隐形的学术资源,获得国际同行认可又对学者的成长发展与学术表现具有重要意义。留学国家在全球科学体系中的地位优劣,最终也反映在海归学者科研成果的多少与影响力的大小上。

其次,科研合作的中介作用更多表现在对国际发表数量的提升上,对质量的提升相对有限。对计算机学科与物理学两个学科而言,科研合作均能显著提升学者的年均发表篇数,而对篇均被引次数则没有显著影响。也就是说,科研合作仅在留学经历影响年均发表篇数的路径中发挥中介作用,这种中介作用是"提量不提质"的。科研合作有利于研究资源互享、合作团队成员的多元化,有利于发挥各自优势与特长、加快研究进展,但这似乎不必然带来更有影响力的科研成果。甚至,科研合作有时也可能是"过犹不及"的。从知识共享、资源互补的角度来看,科研合作对于增加国际发表是有益的,但是这并不等同于合作者越多越好。不论计算机学科还是物理学,均发现合著度的提升会对国际发表产生负面影响,也就是篇均合作者越多的学者,年均发表篇数越低。建构合作网络与投身科学研究之间存在潜在冲突[1],这一点在其他研究中也有论述。对海归学者而言,不论是维系已有的国际科研合作网络,还是开拓新的科研合作渠道,都有可能挤占在学术研究上的时间。

第三,合作伙伴、会议媒介与文化氛围对科研合作的生成与维系至关重要。首先,留学期间,导师是最重要的合作者,通过参与课题、定期讨论、修改论文等方式开展深度合作。此外,导师也是学生与学术共同体之间建立联系的桥梁。回到中国大陆,海归学者也会通过推荐学生访学、邀请导师来华等交流项目维护与海外导师的科研合作关系,而且随着海归学者自身科研团队的建立与更多成员的加入,合作关系不断得到巩固与拓展。除了导师,留学期间结识的博士同学、任课教师、实验室成员等,都可能成为重要合作者。其次,国际会议在科研合作的生成、维系与拓展过程中,始终扮演重要角色。博士期间参与国际会议是发展科研合作关系的良机,即便建立的弱关系也有可能在未来拓展出新的合作机会。回国之后,国际会议不仅是维系之前合作网络的重要媒介,更成为寻找全新合作伙伴的主要渠道。会议既包括研究领域中一些定期举行的大型国际会议,也包括通过互相邀请的方式进行的小型学术研讨会。海归学者基于已有研究成果创造的新的合作机会,往往也借助会议邀请报告等方式实质性推进。第三,非正式的学术交流对于科研合作氛围的营造至关重要。在餐厅、咖啡厅等日常生活场所中的非正式交流为学者提供了信息渠道,使学者置身于一个催化合作发生的学术环境之中。相对而言,国内的非正式的交流环境营造与合作文化形成仍有提升空间。

二、政策建议

第一,正确认识海外留学对学者学术生涯的复杂影响。在大学层面,建议高

---

[1] Mcfadyen M A, Albert A, Cannella Jr. Social capital and knowledge creation: Diminishing returns of the number and strength of exchange relationships[J]. Academy of Management Journal, 2004, 47(5): 735 – 746.

校在招聘师资时不应只关注引入海归教师所能带来的指标改善,应当关注学者海外留学经历带给其自身的科研素养、学术社会资本等方面的提升,以及与这些要素相关联的科研创新能力的提升。关注海归学者在海外习得更先进的研究方法、积累更高水平的学术网络资源,在回国后是否能够把所学转化为学科领域的优秀科研成果,成为学科发展带头人;或者通过授课影响国内的学生,成为连接学生与全球先进研究成果和方法之间的桥梁。在个体层面,学者本身也应当重新考虑如何才能充分利用海外留学这一自我提升的机会。留学前要更慎重地选择自己的留学目的地,比如考察留学地在学科内发展的优势如何,在全球学术合作网络中的位置如何等。留学期间要主动学习观察,利用各种渠道积极融入当地的科研环境,积累学术资源与建构合作网络。

第二,充分重视科研合作关系的巩固和拓展。海归学者回国后面对时间和空间的阻隔,在维系与海外学者的合作方面可能会面临诸多困难。建议高校通过搭建科研合作平台,鼓励双方开展持续的、系列的学术交流,将学者的学术合作资源沉淀在平台上,形成一种长效的科研交流合作机制。开设更灵活的访问项目,比如短期访学、学术沙龙等,让本土学者"走出去",海外学者"走进来"更加方便快捷。加大学者参加国际学术会议的经费支持力度和时间保障,推动其科研合作网络的持续深入拓展。在个体层面,充分把握在学术会议中与学科内全球知名的学者面对面交流的机会,主动寻求与海外学者对谈,不断丰富自身的科研合作网络。积极维系与拓展科研合作关系网络,但又不能为了合作而合作,避免低效的学术社交活动,追求高质量的合作方式,促进具有重大国际影响力的成果产出,而非单纯增加合作者数量。

第三,尊重不同学科的发展差异,探寻个性化科研合作机制。比彻和特罗勒尔指出不同的学科之间知识生产模式可能有很大的差别[1]。不同学科的知识生产与科研合作应尊重不同学科的内在生成逻辑。考虑到不同学科知识生产的社会

---

[1] [英]托尼·比彻,[英]保罗·特罗勒尔.学术部落及其领地[M].唐跃勤,蒲茂华,陈洪捷,译.北京:北京大学出版社,2015:141.

性条件不同,可能导致在拓展海外科研合作关系方面存在不同路径与特点。所以,不同学科应采取各自合适的发展逻辑与治理思路,建立更具包容性的学科建设制度,通过制度建设来保持学科发展的活力、激发学者生产知识的主动性[①]。尊重学科生态系统的差异性与多样性,建立符合学科自身生长逻辑的国际学术流动与科研合作政策,从而促进知识的有序积累与学科的良性发展。

---

① 宋亚峰,王世斌,潘海生.一流大学建设高校的学科生态与治理逻辑[J].高等教育研究,2019,40(12):26-34.

◆ 第四章
海外访学对知识生产的影响机制：
访问学者的学术参与及身份建构

在全球化背景下,海外访学是国际学术流动的重要组成部分。一方面,各级政府与大学为教师的出国访学提供了大量政策与经费支持,尤其是以留学基金委公派访学项目为代表的一系列海外访学项目对高校教学、科研和服务具有重要意义。另一方面,由于缺乏系统性的监管、评估与信息反馈机制,高校教师出国访学依旧面临诸多现实困难,海外访学取得的效果相对有限[1],在全球科学体系中处于有限参与的状态[2]。

现阶段有关海外访学的研究,一方面集中于学者访学现状的经验性总结以及跨文化适应研究,另一方面侧重于访学的收益与成效分析[3]。本研究采用质性研究方法,基于实践共同体理论,深入调查海外访问学者的访学动机、访学过程等经历,进而探讨海外访问学者的学术参与和身份认同发展路径如何影响其知识生产。与此同时,探讨目前访学制度中存在的问题,为促进访问学者在访期间充分参与学术研究、实践知识生产建言献策。

第一节　实践共同体视角下的海外访学

一、实践共同体理论

(一)实践共同体理论的发展脉络

实践共同体概念最早由莱夫(Jean Lave)和温格(Etienne Wenger)在《情景学习:合法的边缘性参与》(*Situated learning: Legitimate peripheral participation*)一

---

[1] 张冰冰,张青根,沈红.海外访学能提高高校教师的论文产出吗?——基于"2014 中国大学教师调查"的分析[J].宏观质量研究,2018,21(2):119-133.
[2] 李碧虹,涂阳军.论高等教育国际化中大学教师的有限参与[J].复旦教育论坛,2012(6):54-58.
[3] 赵显通,彭安臣,刘绪.高校教师出国访学的现实困境与改革路径——基于 22 名教师访谈数据的质性分析[J].高校教育管理,2018(4):1-7.

书中提出,认为学习不仅处于实践之中,学习还是具有能动性的整个社会实践的一部分。实践共同体是人、活动和世界之间的一系列关系,这些关系是跨时间的,并与其他相交、重叠的实践共同体发生联系。任何知识都存在于文化实践当中,参与到这种文化实践中去,是学习的基本原则。这种实践的社会结构、权力关系、合法性的条件界定了学习的可能性。另一方面,实践共同体理论认为,学习不仅是习得知识,还涉及身份的变革,边缘性参与、积极卷入实践被看作学习的关键过程或前提条件。莱夫和温格把新手的发展轨迹称为"合法的边缘性参与"。对学习者个体而言,新手通过参与共同体的社会文化实践从而获得一个共同体中的合法成员资格,是新手逐渐变为内部人或老手的过程①。

随着实践共同体理论的成熟与发展,在《实践共同体:学习、意义和身份》(Communities of practice: Learning, meaning, and identity)一书中,温格更加关注正式组织情景中的实践共同体,指出"实践共同体是一个场域,学习、意义和身份在这里得到协商。我们通过实践才能以一种有意义的方式体验世界,因为实践赋予我们结构与意义"②。意义不能由个体独立地决定,而是由集体社会协商,意义的协商是一种过程。通过意义我们体验世界、参与世界,同时这种过程嵌入在实践共同体的实践之中,并由两个更深层次的互动过程构成,即参与和物化。参与是一种成为社会共同体的实践积极参与者和建构与共同体相关的身份的过程。物化是一种通过生产客体赋予我们体验形式的过程——将体验凝结到事物中,从而创造一种聚焦点——由此意义的协商得到组织化。温格将实践共同体理论框架建立在意义、实践、共同体和身份四个相互连接、相互界定的要素上。这标志着实践共同体理论的一种重大转向:从把实践共同体视为一种获得社会性学习的分析视角,转向为把实践共同体视为组织中解决问题和意义制造的一种手段③。

---

① Lave J, Wenger E. Situated learning: Leyitimate peripheral participation[M]. Cambridge: Cambridge University Press, 1991.
② Wenger E. Communities of practice: Learning, meaning, and identity[M]. Cambridge: Cambridge University Press, 1999.
③ Wenger E. Communities of practice: Learning, meaning, and identity[M]. Cambridge: Cambridge University Press, 1999.

具体而言,一方面,实践作为共同体内在一致性的来源,具有三个特征:一是参与者相互卷入(mutual enagement),因为参与实践,人们相互协商意义。二是合作事业(a joint enterprise)的协商,事业是一个集体协商过程的结果;是在参与者追求它的过程中得到界定;不只是一个被确定的目标,还在参与者之间创造了相互问责的关系,这也成为实践的组成部分。三是共享智库(a shared repertoire)的发展,包括惯例、词语、工具、处事方式、故事、手势、符号、原型、行动或概念等[1]。

另一方面,实践中的身份来自参与和物化的相互作用。因此,身份不是一个客体,而是一个不断成长发展的过程,是一个在我们生活中不断重新协商的事情。当我们经过一系列的参与形式时,我们的身份在实践共同体内以及跨边界间形成了轨迹。实践共同体可以存在各种类型的身份轨迹(identity trajectories),它不是一个可以预见的路径,而是一种具有自身势能的连续运动,一个影响力场域,通过联结过去、现在和未来而具有内在一致的连贯性。其中,边缘轨迹(peripheral trajectories)是指通过选择或需要,一些轨迹从未导向充分参与,不过可能为进入共同体和共同体的实践提供了一种路径。进入轨迹(inbound trajectories)是指新人加入到共同体中,并具有成为充分参与共同体实践的前景,其身份被投入到未来的参与中,即使目前的参与可能是外围性的。局内轨迹(insider trajectories)是指一个身份的形成并不会在获得充分成员资格后结束。实践是不断发展的,新的事件、新的需求、新的发明和新一代人都会为个人身份的重新协商提供场景。边界轨迹(boundary trajectories)是指一些轨迹在跨越边界和连接实践共同体中被发现自身价值。退出轨迹(outbound trajectories)是指一些轨迹导向退出一个共同体,发展新关系、找到与该共同体不同的位置以及看待世界和个人的方式[2]。

(二) 实践共同体理论的研究应用

大量关于高校初任教师的研究采用了实践共同体理论作为研究视角与理论

---

[1] Wenger E. Communities of practice: Learning, meaning, and identity[M]. Cambridge: Cambridge University Press, 1999.
[2] Wenger E. Communities of practice: Learning, meaning, and identity[M]. Cambridge: Cambridge University Press, 1999.

框架。特楼勒等人(Paul Trowler et al.)将大学视作一种实践共同体或是活动系统,基于实践共同体理论对 24 名新晋大学教师开展质性研究,考察了他们对全新的大学工作环境的认识与融入[①]。贾维斯(Jeff Jawitz)将实践共同体中的边缘参与和布尔迪厄的惯习概念结合,对南非 3 所研究型大学的青年教师开展访谈,探究人文社科、自然科学以及设计专业新教师在高校研究实践共同体与教学实践共同体间的移动轨迹与身份变化过程[②]。萨瑟兰(Kathryn Sutherland)基于实践共同体视角对 60 名来自不同国家的"成功"初任学者进行半结构化访谈,研究阐述了对学术实践共同体中关于科研生产力、薪酬以及职业发展等学术成功的建构与感知,同时指出学科共同体和大学组织是影响大学教师学术身份的两大关键性合法共同体[③]。耿菲的研究采用个案研究的方法,从实践共同体的视角探讨高校初任英语教师如何在实践中建构自己的教学身份[④]。刘熠采用叙事研究的方式,对高校公共英语教师的职业认同感知以及建构过程进行了探索[⑤]。张银霞以质性研究的方法探讨了两所个案高校中新手教师的教学发展问题,并使用情境学习中实践共同体的身份建构对教师的身份发展轨迹进行分析[⑥]。

　　海外访问学者与高校初任教师有着许多相似之处,同作为新手进入一个陌生的学术环境之中。基于实践共同体理论对参与互动与身份认同的探讨,对研究海外访问经历同样具有启发意义。陈向明从作为访问学者指导教师的身份与经历出发,借鉴合法边缘性参与的概念对访问学者为何无法达到理想的学习效果作出解释。其在分析中

[①] Trowler P, Knight P T. Coming to know in higher education: Theorising faculty entry to new work contexts[J]. Higher Education Research & Development, 2000, 19(1): 27 - 42.
[②] Jawitz J. Learning in the academic workplace: The harmonization of the collective and the individual habitus[J]. Studies in Higher Education, 2009, 34(6): 601 - 614.
[③] Sutherland K A. Constructions of success in academia: An early career perspective [J]. Studies in Higher Education, 2017, 42(4): 743 - 759.
[④] 耿菲.基于课堂教学的大学英语新手教师的身份建构研究[J].外语与外语教学,2014(6): 19 - 24.
[⑤] 刘熠.叙事视角下的大学公共英语教师职业认同建构研究[M].北京:外语教学与研究出版社,2011.
[⑥] 张银霞.情境学习理论视角下高校初任教师的教学发展与创新——基于国内两所高校的质性分析[J].中国人民大学教育学刊,2014(3): 127 - 138.

指出以访问学者为代表的学习者虽然具有"合法"的成员资格,也进入了实践共同体的边缘,却因为缺乏对实践共同体"共同事业的追求",或是不具备必要的专业"知识库",难以或不愿意充分参与共同体的实践,因而陷入学习的困境,难以获得理想的效果①。

二、海外访学研究

海外访学是国际学术流动的重要形式之一,学者的年龄、性别、种族、社会经济地位、学科乃至主动还是被动选择访学等因素,都会造成国际学术流动经历的巨大差异②。下文将从海外访学动机、适应以及效果几个方面,对近年来的相关研究成果进行综述。

(一)海外访学的动机

有关海外访学的研究发现,访学动机对于访问学者的访学经历发挥重要作用③,不仅指引着访问学者的行动方向,同时帮助其克服访学过程中的困难。科恩等人(Libby Cohen et al.)对20名访问学者的问卷调查显示访学目的影响着学者从举办讲座到合作研究等各种访学活动的安排④。新美(Yukiko Shimmi)选取2011至2013年间在一所美国东部大学访学一学期以上的26名受访者,采取问卷调查和半结构化深度访谈相结合的方法对日本学者的在美访学经历进行分析,发现日本学者的访学目的主要包括从事研究和论文发表、构建学术网络、获取国际经历、家庭因素和机构因素等,不同访问学者的访学目的不尽相同⑤。赵(Ran

---

① 陈向明.从"合法的边缘性参与"看初学者的学习困境[J].全球教育展望,2013,(12):3-10.
② Morley L, Alexiadou N, Garaz S, et al. Internationalisation and migrant academics: The hidden narratives of mobility[J]. Higher Education, 2018: 1-18.
③ Zhao R. Factors promoting or hindering the academic adjustment of Chinese visiting scholars in an American university[D]. New York: Teachers College, Columbia University, 2008.
④ Cohen L, Michael O, Spenciner L. Personal and professional experiences in academic exchanges and visits[J]. Alberta Journal of Educational Research, 1998, 44(4).
⑤ Shimmi Y. Experiences of Japanese visiting scholars in the United States: An exploration of transition[D]. Boston: Boston College, 2014.

Zhao)采用问卷调查和半结构化深度访谈相结合的方法对包括哥伦比亚大学 24 名中国访问学者在内的 27 名受访者进行调查,发现在美中国海外访学者的访学动机和目标包括学习先进理念、学习新的教学方法、获得学科领域的综合理解、写作发表文章、学习管理和开展比较研究、促进两国交换、寻找研究方向、了解海外文化、提高英语水平等。研究还指出,访学动机可能为其带来压力,对科研产出的期待、希望利用好难得的访学机会等动机也是海外访问学者较大的压力来源[1]。

李琳琳的研究表明学者外出交流的目的和动机是多样的,甚至可能是出于逃避过多的工作责任,发展学术兴趣,专注于学术工作的目的,而非为了提升教师的国际化水平或参与国际学术活动[2]。鉴于访学动机的重要影响,薛等人(Mo Xue et al.)对 15 名公派赴美访学的中国学者学术的社会化过程开展质性研究,指出模糊不清或缺少细节安排的访学规划会影响访学活动的开展[3]。黄明东等人按照基本情况、访学动机、访学过程和访问效果四个维度设计了调查问卷,对具有出国访学经历且已回国从事相关工作三年以上的学者开展调查,结果显示访学效果与访学动机、访学过程呈正相关,同时也发现有关"国外学习经历"的人事制度规定使部分学者迫切希望通过出国访学弥补自身在海外经历上的不足[4]。张冰冰等指出教师海外访学具有信号效应,高校量化评价制度的引入使得院校与教师忽视了访学的本质,教师盲目追求信号效应,出现"为访学而访学"的现象,海外访学同时也存在逆向选择风险[5]。赵显通等对来自全国 15 所高校的 22 名访问学者开展的半结构化访谈发现,不少教师出国访学的动机是满足职称评定需求,外部动机强于内部动机。在院校缺乏配套支持措施的情况下,基于外部动机的出国访学机会成

---

[1] Zhao R. Factors promoting or hindering the academic adjustment of Chinese visiting scholars in an American university[D]. New York: Teachers College, Columbia University, 2008.
[2] 李琳琳.成为学者:大学教师学术工作的变革与坚守[M].上海:华东师范大学出版社,2016.
[3] Xue M, Chao X, Kuntz A M. Chinese visiting scholars' academic socialization in US institutions of higher education: A qualitative study[J]. Asia Pacific Journal of Education, 2014, 35(2): 290-307.
[4] 黄明东,姚建涛,陈越.中国出国访问学者访学效果实证研究[J].高教发展与评估,2016, (05): 50-61+121-122.
[5] 张冰冰,张青根,沈红.海外访学能提高高校教师的论文产出吗?——基于"2014 中国大学教师调查"的分析[J].宏观质量研究,2018,21(2): 119-133.

本过高,增加了学者海外访学的困难。访学过程中学者的访学积极性和接收方高校导师的合作积极性也容易出现不一致的情况,导致双方难以建立起密切的学术性合作和指导关系,使海外访学变得流于形式[①]。

(二) 海外访学的适应

关于海外访问学者的语言及跨文化适应研究,郑和贝里(Xue Zheng and John W. Berry)对前往加拿大的中国学者以及中国留学生进行了问卷调查,研究发现海外访问学者在国外更可能在跨文化适应中遭遇健康问题,特别是心理健康问题。中国访问学者经历了更多的困难,包括英语使用不流畅、交友不易、适应主动性差乃至自责等[②]。赵(Ran Zhao)的论文从旅居者的适应角度分析了影响中国访问学者海外学术适应及生活适应的内外部因素,发现海外访问学者面临着不熟悉学术写作范式、缺少与访学机构教师充分交流的机会、无法获得学术资源的使用权限或指导、学术文化以及教学方式不同等适应问题。另外,居住、办公条件不足,图书馆和网络的访问限制也会影响访问学者的学术参与。[③] 郭和魏(Linyuan Guo and William X. Wei)利用民族志方法对在加拿大访学的中国学者进行的民族志研究发现中国学者在海外访学过程中面临着学术适应以及生活适应上的诸多问题。学术适应困境包括缺乏访问学校系统性的支持与帮扶、缺少导师在学术上的指导、语言障碍等。其中,缺乏系统性的支持体现在访学院校提供给国际学生的一系列支持并不提供给访问学者,导致访问学者难以获得有关学术与生活的关键信息。访问学者被认为是与接收院校的学者处于平等地位的研究者,但在实际访学中海外访问学者更需要学术指导和帮助。该研究中的访问学者认为语言是理解和参与课程的最大障碍。访问学者在生活适应上的困难

---

① 赵显通,彭安臣,刘绪.高校教师出国访学的现实困境与改革路径——基于22名教师访谈数据的质性分析[J].高校教育管理,2018,(4):1-7.
② Zheng X, Berry J W. Psychological adaptation of Chinese sojourners in Canada [J]. International Journal of Psychology, 1991, 26(4): 451-470.
③ Zhao R. Factors promoting or hindering the academic adjustment of Chinese visiting scholars in an American university[D]. New York: Teachers College, Columbia University, 2008.

主要体现在适应饮食、寻找住所、经历文化冲击,缺少人际交流以及感到孤独等方面。研究也发现从接收高校以及当地教师获得建议和管理支持的学者容易取得更好的学术适应效果以及更高的专业成长满意度[1]。而访问学者一旦不能有效地与接收国学者进行互动,便很容易被接收机构边缘化。作为"陌生人"与"他者"的访问学者因为缺少机会而面临更多的限制[2]。赵显通等的研究同样提到社会文化差异和居住、资金压力对访问学者的内在学术追求造成的负面影响[3]。

此外,李迎新等通过对加拿大高校中接收中国访问学者的导师展开研究,发现访学期间的跨文化适应困难为访学活动带来了负能量。缺少清晰的访学目标,双方的时间难以协调,访问学者交流周期较短等因素也造成了访学过程中的实际困难[4]。李和陈(Weidong Li and Sisi Chen)将海外访问学者的家庭作为研究对象,通过对在美访问学者及其家人的访谈、观察,分析了在美访问学者的跨文化适应以及子女的教育适应。研究发现尽管访问学者及其家庭成员使用了融合的跨文化适应策略,但仍然遇到一系列适应上的困境[5]。

(三) 海外访学的效果

美国斯坦福国际研究院(SRI International)曾对 1980 至 2001 年间来自 16 个国家的富布莱特访问学者开展了问卷调查,研究显示明确的目标以及充分的组织及资源支持有助于提升访问学者体验的积极性。回收的 1 894 份有效问卷分析结

---

[1] Guo L, Wei W X. Visiting scholars: Facilitators of sustainable international strategic alliances in higher education[J]. Journal of International Business Education, 2012, 7: 181-198.
[2] Morley L, Alexiadou N, Garaz S, et al. Internationalisation and migrant academics: The hidden narratives of mobility[J]. Higher Education, 2018: 1-18.
[3] 赵显通,彭安臣,刘绪.高校教师出国访学的现实困境与改革路径——基于 22 名教师访谈数据的质性分析[J].高校教育管理,2018,(4): 1-7.
[4] 李迎新,李正栓.基于交往行为理论的国际访学合作双方主体间性研究——对加拿大某大学教师的访谈分析[J].外语教学理论与实践,2018,(1): 81-89.
[5] Li W, Chen S. Acculturation strategy, integration paradoxes and educational adaptation — A case study of Chinese visiting scholar's family in the United States[J]. International Education Studies, 2017, 10(9): 39-53.

果显示访问学者在项目期间参与了多种学习活动,几乎所有学者都表示对访问国的文化(99%)、教育制度(98%)、政治制度(96%)或经济(94%)有了新的认识。访学经历使其对自己的领域有了更深入的了解(99%),随后发表了专业出版物和作品(98%),并更新了专业证书(98%),在自己的课程中使用了访学过程中学到的知识和技能(82%)。另外,几乎所有访问学者(95%)都继续与访问国的同事合作,超过三分之一的访问学者认为这种持续合作的规模很大[1]。贝瑞马哈和奇尔提(Karen L. Biraimah and Agreement L. Jotia)对参与博茨瓦纳和东南亚的富布赖特海外项目的教师进行研究,发现教师的收益主要体现在知识和态度两方面,其中态度收益的重要性远超知识收益[2]。

  蒋玉梅和刘勤基于迪尔多夫(Darla K. Deardorff)的"跨文化能力发展模型"提出了"教师出国访学过程收益模型",通过滚雪球抽样等方式对曾赴加拿大高校教育学院访学且回国一学期以上的16位中国教师开展质性访谈,研究发现中国高校教师出国访学带来的内部收益包括科研、教学和社会文化知识等认知维度收益,以及态度、价值观与开阔文化视野等社会维度收益。访问学者的外部收益体现在科研创新、教学改革以及学术合作等方面[3]。张青根等运用倾向得分匹配法对"2014中国大学教师调查"数据进行分析,发现海外访学为高校教师带来了显著的经济收益。出国进修1年能够给高校教师带来19.6%的额外收益,但教师出国进修期限与其经济效益间呈非线性关系,出国进修6个月以下、6个月至1年的经济效益均高于出国进修1年[4]。杨光富对

---

[1] SRI International Center for Science Technology and Economic Department. Outcome assessment of the visiting Fulbright Scholar program[R]. Arlington: U.S. Department of State Bureau of Educational and Cultural Affairs Office of Policy and Evaluation, 2005.
[2] Biraimah K L, Jotia A L. The Longitudinal Effects of study abroad programs on teachers' content knowledge and perspectives: Fulbright-Hays Group projects abroad in Botswana and Southeast Asia [J]. Journal of Studies in International Education, 2013, 17(4): 433-454.
[3] 蒋玉梅,刘勤.高等教育国际化视野下教师出国访学收益研究[J].开放教育研究,2015,(01): 62-70.
[4] 张青根,沈红.出国进修如何影响高校教师收入?——基于"2014年中国大学教师调查"的分析[J].教育与经济,2016,(4): 6.

上海一所985高校的125名青年教师进行了关于海外研修、教学、科研、管理等方面的问卷调查,调查结果显示近半数(47.2%)的青年教师有海外访学经历,超过96%的受访青年教师认为海外访学对个人专业的发展促进较大[①]。马万华等编制了《高校教师出国进修问卷》,对北京高校645位有海外访学经历的学者开展了调查,发现教师海外访学可以带来一定程度的直接效益和间接效益,具体包括态度和视野在内的认知效益、教学效益、科研效益和服务效益。约90%的学者认为海外访学增进了文化理解与包容力;约80%的学者在海外访学中掌握了新的教学模式、教学理念;超过70%的学者认为海外访学对发表高水平论文、建立学术网络等帮助很大[②]。

不过,李碧虹等人的研究通过大学教师国际化调查问卷发现,中国大学教师在高等教育国际化的跨境交流过程中依旧处于有限参与的状态[③]。张冰冰和张青根等人基于"2014中国大学教师调查"数据,使用倾向得分匹配法估计海外访学对高校教师论文产出的影响后发现,海外访学对高校教师的论文产出不具有显著的正向影响,投入大量资金推进的海外访学未对高校教师的论文产出产生显著的正向影响,访学效果并不如预期乐观[④]。

第二节 研究问题与研究设计

海外访学的本质在一定程度上可以理解为访问学者透过在共同体中的实践参与,经由自我反思、自我学习并与实践共同体互动,不断建构新的身份认

[①] 杨光富.国际化进程中高校青年教师专业发展的现状调查:以华东师范大学为例[J].教师教育论坛,2014,(10):75-79.
[②] 马万华,温剑波.高校教师出国进修效益分析——基于首都高校教师的问卷调查[J].清华大学教育研究,2016,(1):78-86.
[③] 李碧虹,涂阳军.论高等教育国际化中大学教师的有限参与[J].复旦教育论坛,2012,(6):54-58.
[④] 张冰冰,张青根,沈红.海外访学能提高高校教师的论文产出吗?——基于"2014中国大学教师调查"的分析[J].宏观质量研究,2018,21(2):119-133.

同的过程。考虑到实践共同体理论是研究教师实践参与和身份建构强有力的工具之一,本章将温格的实践共同体理论作为研究的理论基础。访问学者在前往访学机构时便被视作获得了参与到海外学术实践共同体中的"合法性",而这种"参与"也随着访问学者进入海外学术实践共同体后与其身份认同的发展交织在一起。为了探究访问学者在海外访学过程中对学术参与和身份认同形成与转变的感知和体认,进而探讨学者的学术参与状态及其身份认同发展轨迹如何影响知识生产,本研究主要通过深度访谈的方法,围绕以下研究问题展开:

问题一:海外访问学者的学术参与可能与边界在哪里?学术参与如何影响知识生产?

问题二:海外访问学者的学术身份是如何建构与转换的?学术身份如何影响知识生产?

一、访谈对象

考虑到研究需要获取访问学者对其在海外访学过程中的学术参与和身份认同的感知情况,研究者将访谈邀请的学者访学时间限定为正在海外访学或是归国2年内的访问学者,以确保访谈对象对访学经历拥有较为清晰的记忆。为此,研究者首先将访谈对象的选取范围限定在2016、2017年和2018年国家留学基金委国家公派高级研究学者、访问学者、博士后项目录取的公派高级研究学者和公派访问学者。其次,访谈对象的选取进一步聚焦在由国家"双一流"建设高校派出的学者,或是前往海外世界一流大学访问学习的学者。此外,考虑到访学活动在不同学科领域之间存在较大差异,访谈对象的研究领域需要涵盖人文社科以及理工科。

基于上述原则,本研究采用目的性抽样,适度辅以滚雪球抽样的方法邀请访谈对象。首先,研究者从网络公开数据获取了2016年、2017年和2018年国家留学基金委公布的国家公派高级研究学者、访问学者录取名单。通过搜索引擎检索获取访问学者简历与邮箱等信息,通过简历信息筛选符合条件的海外访问学者,并发送邀请信。对接受邀请的学者在知情自愿的前提下,开展一对一的半结构化深度访谈。

结合研究目的与是否达到信息饱和的原则,本章节使用了 21 位具有海外访学经历的学者的访谈数据,受访者的访学国别、访学年份、性别、职称、专业类别和院校类别等信息详见表 4-1。为保证受访者的隐私,研究者对具体个人信息以及院校信息进行了匿名化处理。

表 4-1 访谈对象基本信息

编码	访学国别	访学年份	性别	职 称	专业类别	院 校 类 别
A 老师	英国	2018	女	副教授	人文社科	非双一流建设高校
B 老师	美国	2017	女	副教授	理工科	一流学科建设高校
C 老师	美国	2018	男	讲师	理工科	一流学科建设高校
D 老师	英国	2018	男	副教授	理工科	非双一流建设高校
E 老师	美国	2018	男	副研究员	理工科	非双一流建设高校
F 老师	英国	2018	女	副教授	人文社科	一流大学建设高校
G 老师	加拿大	2018	男	讲师	理工科	一流大学建设高校
H 老师	瑞士	2018	男	副教授	理工科	一流大学建设高校
I 老师	加拿大	2018	男	副教授	理工科	一流大学建设高校
J 老师	英国	2018	男	副教授	理工科	一流学科建设高校
K 老师	美国	2018	男	教授	理工科	一流大学建设高校
L 老师	法国	2019	男	副教授	理工科	一流大学建设高校
M 老师	美国	2018	男	副教授	理工科	一流大学建设高校
N 老师	新加坡	2018	男	副教授	理工科	一流大学建设高校
O 老师	德国	2018	男	副教授	理工科	一流大学建设高校
P 老师	澳大利亚	2018	男	副教授	人文社科	一流大学建设高校
Q 老师	美国	2018	女	副教授	理工科	一流大学建设高校
R 老师	美国	2018	男	副教授	人文社科	一流大学建设高校
S 老师	美国	2018	男	副教授	理工科	一流大学建设高校
T 老师	美国	2018	女	副教授	人文社科	一流大学建设高校
U 老师	英国	2018	男	副教授	理工科	一流大学建设高校

本研究的受访者中，男性学者16名，女性学者5名，其中讲师2人，副教授及副研究员18人。人文社科领域的学者5人，理工科领域的学者16人。其中，5名学者前往英国访学，9名学者前往美国访学，2位学者前往加拿大访学，此外，前往瑞士、法国、新加坡、德国和澳大利亚访学的学者各有1位。

二、数据收集与分析

质性研究的数据收集方法主要有访谈、文件、档案记录、直接观察、参与观察以及实物等。本研究的信息收集主要采用文件和访谈两种方式。其中文件主要是被访者提供的与海外访学相关的文本，如被访者撰写的博客、文章等。访谈是受访者与访谈者共同建构意义的过程。本研究采用一对一的半结构化深度访谈，即在既有访谈提纲的基础上，询问受访者开放性的访谈问题，在遵循访谈大纲的前提下允许受访者积极地参与和表达。本研究的访谈提纲基于实践共同体理论的研究框架，从海外访问学者的背景信息、学术参与、身份认同以及影响因素四个方面进行设计，并在正式访谈之前开展预访谈，基于预访谈结果对访谈问题进行了优化调整。

鉴于部分访谈对象正在海外访学而无法开展面对面访谈的情况，研究者在获得受访者同意的前提下，借助微信等即时通信软件进行视频或语音访谈，并保存视频和音频文件。之后，将21份时长为40—80分钟的访谈录音转录为文字，并导入MAXQDA质性分析软件，根据三级编码体系对访谈数据进行编码分析。

第三节　学术参与的可能与边界

实践作为共同体内在一致性的来源，具有参与者相互卷入、合作事业的协商，以及共享智库的发展三个特征[①]。在海外访学实践中，共同体无处不在。在实践共同

---

① Wenger E. Communities of practice: Learning, meaning, and identity [M]. Cambridge: Cambridge University Press, 1999.

体中,访问学者个体通过获取合法的成员身份,以及与共同体其他成员进行特定的互动实现共同的参与,并投入共同体的事业中为之负责。对访问学者个体而言,参与意味着对学术实践共同体的卷入与归属,以及对共同体的知识生产作出贡献的可能。

一、互动参与的可能

(一) 共享学术资源的可能

实践作为共同体一致性的来源,共享经验库的发展是其重要特征,为追求共同事业创造条件和资源①。对于访学而言,学者在海外日常接触的身份卡片、实验室、图书馆、软件系统、数据库、仪器设备等,都是学术资源库的某种形式或载体。

1. 身份卡片

访问学者在到达访学院校后通常需要登记注册自己的身份信息,并获得由院校提供包含设备访问权限的身份卡片或者电子账号。这张卡片通常被称为"门禁系统"或"电子锁",是电子身份识别系统和硬件设备门禁结合的产物。这种识别系统通过鉴别使用者的身份权限给予其不同的设备和资源访问权限。

> "实验室,特别是周末和晚上你是必须要有 ID Card 才能进来。你这个邮件和这个号是有关联的,然后你在使用仪器的时候,它也是与这个 ID 号有关系的。"
>
> ——E 老师

> "我用他们给我的账号去登录他们的网站,在课题组这边,它是由院里面来统一管理,规定我那个卡,可以使用哪些设备和资源。"
>
> ——I 老师

2. 信息资源

不同院校授予访问学者的图书馆资源的访问与使用权限有所不同,本研究的

---

① Wenger E. Communities of practice: Learning, meaning, and identity [M]. Cambridge: Cambridge University Press, 1999.

受访学者多表示自己拥有与学生类似的基础访问权限。

"学术上的资源,首先是官方所有学生有的,肯定都会给……学生能看的,我们都能看。"

——T 老师

也有部分访问学者所在的院校给予了访问学者等同于本校研究人员的资源获取权限。F 老师通过询问和比较得知自己作为访问学者,在图书馆的书籍借阅上限是与院校研究人员同等的 50 本,而学校学生的借阅上限则为 25 本。

以图书馆为载体的数据资源不仅包括纸质书刊,也包括电子文献与应用软件等资源。随着信息出版效率的提升与网络技术的发展,访问学者的文献获取方式多为通过图书馆账号登录下载电子文献。

"校园网可以的,图书馆的电子资源也都是可以的。"

——C 老师

此外,海外访学给学者提供了更为便利的海外研究环境和数据收集条件,甚至是不可替代的数据获取方式。有访问学者使用在海外收集的公开数据编撰了教材、著作。D 老师在海外访学期间参与了海外团队的野外实地考察、采集实地数据,使中外比较研究具备可行性。F 老师不仅借助访学的机会获取测试数据,还通过与海外导师交流获得学术会议的信息。也有不少老师在访学期间通过学院的邮件通知获得会议、讲座、培训等学术活动信息,根据科研需要选择参加是否。

"因为它是一个与测试相关的机构,有很多学生的测试 data。然后我那个导师也有那种数据。……比如说 4 月份,要开一个会议,我现在已经报名了,这个会议就是我过来之后导师给我提供的资讯。"

——F 老师

3. 研究场所

访问学者可以预约使用办公室、实验室、会议室、讨论室、媒体室等工作场所。

"硬件资源,比如说我可以去约会议室,也可以去申请工位……用他们的图书馆,用他们的会议室,用他们的讨论室,用他们的多媒体室,这些东西你通过网上的系统全都可以预约。"

——P 老师

学术实践共同体的发展有赖于成员在实验室空间这一特定归属区域内的交集,以及基于对共同事业的追求而产生的相互参与。对于部分参与课题组实验研究工作的访问学者而言,进入实验室并使用其中的设备是一种完全开放的体验。在访学期间可以使用国外独有的实验设备,从而开展更高水平的研究,甚至有学者因为科研工作对设备的需求愿意自费延长访学时长。

"他们有很多实验设备,比如就有老师说,有些设备只有国外有,中国没有。"

——B 老师

(二)参与学术互动的可能

实践并非存在于真空之中,作为社会性学习理论的发展,实践共同体理论认为实践之所以存在,是因为个体之间的参与行为以及参与中展开的意义协商。对访问学者而言,在海外的学术环境中通过邮件往来、办公室约见、参与项目组会、课堂讨论等形式开展学术实践和互动,从而在掌握前沿、实验操作、项目申请、论文发表等方面形成了新的认识,积累了新的经验。

1. 互动场景

邮件网络。访问学者最初联系海外导师或是正式出访前,通常采用邮件、视频、微信等方式进行沟通交流。正式出访后,邮件依旧是访问学者和导师展开沟通的常见方式。F 老师在访学之初和导师通过邮件进行文献交流。

相较出访前,出访后学者与导师之间的交流形式更加多样化,其中受访者普遍提到与导师的当面交流。面对面交流可能发生在办公室,也可能发生在组会中、课堂里。

办公室。B老师由于和导师的办公室相距较近,因而可以经常见面交流。而D老师的导师通常是每周到办公室一次,如果遇到问题即可与其当面交流。

"就是面对面的(交流)。我去了之后,他就给我安排了一间独立的办公室,就在他的办公室旁边,所以我就经常能见着他。……我单独跟他聊的频率可能是两周一次,有的时候多一点,有的时候少一点。"

——B老师

在办公室,除了方便与导师进行交流之外,也会有和同一办公室的其他学者或邻近办公室的学者学术互动交流的机会。B老师在办公室期间和不同领域的学者们都进行了交流学习。

"因为他主要是研究情感计算,还有一个是可视化的,但是他不研究(另一个领域),在一个大屋里另外一个教授是研究(另一个领域)的,也给我介绍。……这些人可能指导你的思考。"

——B老师

实验室与课题组组会。另一种当面交流的形式发生于访问学者参与导师课题组或实验室项目时举行的组会中。通过分享研究成果、讨论问题,访问学者得以进入基于课题组或实验室的实践共同体中,开展更为深入的参与互动。例如,G老师可以自由选择参加邻近的三个实验室的组会和报告,感觉跟实验室的"博士后没有什么差别"。

"因为这边的实验室一般都不大,每个实验室可能就四五个人。所以这种相互之间交流还是挺多的。"

——G老师

E老师由于长期和同一课题组的研究员、博士后以及博士生处在同一个实验室里,因此可以每天就实验中遇到的问题等进行交流,也会在周六时和课题组其他成员一同展示成果。

课堂教室。由于访问学者的导师通常也开展课程教学工作,访问学者和导师的面对面交流也可能发生在课堂上。F老师指出海外导师开设的课程与其研究兴趣吻合，可以随着课程的开展讨论一些问题。A 老师在听课过程中也会与认识的其他学者建立联系。

"……这个春季学期，老师说随着上课我们就可以讨论一些问题……"

——F 老师

"我只是在听课的过程中听到有个老师的一些观点，可能是可以借鉴过来，所以我就约了他，……反正先去联系吧。就是先去建立联系。"

——A 老师

2. 互动内容

在学术实践共同体中，访问学者的参与互动不仅涉及知识与技术的学习，也包括项目申请、课题参与以及论文的写作和发表。

E 老师重新开始学习实验知识，获得了实验技术和效果的全方位提升，而且考虑以博士后的身份继续在海外开展研究学习。

"哪怕最简单的一个实验做出来的效果，和我们自己在国内做成的效果，确实差异是明显的。所以通过这个过程，我觉得要把自己的技术全方位地提升。"

"我现在考虑在这里再做一个博士后。通过自己这段时间的学习，有一些了解后，在这里做个博士后，我可能拿到的这个成果或者这种层次就不太一样，可能会完全改变我自己以后整个科研生涯。"

——E 老师

F 老师基于访学期间的调研和思考，推动申请了一项研究课题。E 老师提到有学者在海外顶尖院校开展研究期间参与了导师的课题，在访学期间发表了一篇具有国际高水平的论文。

"那天还跟一个老师聊天，他是做访问学者，他前八个月都在做导师交代的事情，最后六个月，导师给了个课题，他做了一篇（高水平期刊名）。"

——E 老师

论文写作与发表是海外访问学者一项重要的学术活动,包括学者从论文的撰写、修改、投稿到发表的一系列过程。U老师在访谈中表示访问学者在海外学术实践共同体中的参与有助于其获取新知识,进而获得论文产出上的潜在助力。D老师也指出通过访学期间与国际高水平的学者直接接触,有助于把握研究的前沿方向。

"首先是扩大视野,我们交流和参与他的一些项目,对自己肯定有很大的帮助和发展。而且他们做的基本上是这个学科的前沿,所以在国内假如你自己靠文献抓前沿,当然也可以,但是应该没有这个来得这么真切,这么容易。"

——D老师

O老师表示发表过程中的这些约定和规则正是海外学者们在其学术共同体的长期实践中积累形成的,作为新手的访问学者得到了访学导师的指导,有机会学习国际论文发表规范。

"跟这个导师投稿的时候,就发现,他们也有所谓的潜规则……就是说有很多规定并不会写到网上,但是这些规则他们之间是很清楚的,而我们在国内就不太清楚。"

——O老师

(三)发展共同事业的可能

实践共同体理论对共同事业的定义位于更广泛的系统之中,同时也是一个长期历史发展的结果。例如,H老师指出,其访学所在的团队八年来长期从事相关领域的研究工作。访问学者如果与参与的实践共同体拥有共同的研究目标或整体方向,那么很有可能与科研共同体成员们有着共同的事业。

1. 高度一致的研究方向

高度一致的研究方向是参与互动的重要前提。对于访问学者而言,其学术研究方向和访问机构、合作导师之间的专业匹配程度会对其能否与共同体的其他成员一道发展共同的科研事业产生极为重要的影响。即使访问学者拥有较高的学术水平,但如果与所在院系或导师的专业方向不匹配,便难以开展学术对话,难以深度参与到导师课题组的学术研究中。

C老师在访学前已有正在开展的研究计划,因而希望借助访学的机会对研究问题进行更为深入的研究,通过与海外高水平学者交流对原有研究进一步扩展。

"正好我现在访学的这个学校,有老师在这方面有些研究,所以总的来说就是访学期间能够把原来的研究继续深化推进一下。"

——C老师

O老师通过海外访学遇到契合的导师以及研究伙伴,在实验室中接触到了与自己学术方向一致的诸多学者,拓宽了学术网络,获得了比在国内更充分的学术互动机会。

"因为我本人从事的(学科方向),可以讲(在国内工作高校)是没有什么人可以讨论的,相当于是孤军奋战。那么到了(访学国家)这边之后,就一下子发现周围的人跟你有一样的研究兴趣、一样的研究课题!这样就一下子拓宽了整个自己的学术合作关系。"

——O老师

B老师在访学前就对自己感兴趣的研究方向有明确的认识,因此在选择访学导师时通过本学科的顶级期刊找到了与自身研究方向契合的高水平导师,随后的访学过程也因为B老师对自身访学目的的明确认知而顺畅有序。

"……因为我之前中过这个期刊,然后他是副主编,然后又是在这个领域知名的教授,所以我就冒昧地给他发邮件了。"

"所以去的时候呢,我想研究的是,(专业方向)就是这两个方向。我觉得到那边还是以学习为主。……我在那边还是尽量地去和更多的人交流思路,然后回来可以再接着研究,所以我出国的时候目的性比较强,就我知道我想要什么,觉得可能会比较好,顺畅一点。"

——B 老师

2. 明确而强烈的合作意愿

明确而强烈的学习与合作意愿是互动参与的内在动力。E 老师之所以选择前往海外访学,主要出于科研技能的学习、学术思维的提升以及个人价值的追求三方面原因,因此当他有机会在世界顶级的科研机构中从事学术研究时,他体验到了强烈的内驱力。E 老师所在的访学院校以及接触的导师、课题组的科研能力均处于国际顶尖水平,因此他抱有一种学习的态度,期望可以通过访学期间的观摩和实践找出差距,提高自身的专业能力。

"我来这里,第一,我是真正地想学习,如何设计一个实验……另外一个就是他的这个 idea,就是学术思维上,确实比我们考虑得更系统一些……此外,我来这里还因为现在我刚好处在这个瓶颈期,我想自己有所突破,要选就选最好的地方来学习。"

——E 老师

O 老师和 D 老师都有明确的开展学术研究的愿望,因此积极主动地创造和导师讨论的机会,并表达自己想要充分参与导师团队学术活动的愿望。

"我自己比较积极,特别在开始的 3—5 个月,我基本上课题一有进展就会去找(导师)。"

——O 老师

"这边的合作老师,他也是做这个方面的,那我想看一下他是怎么做的,去跟他学一下。这边他们的做法和国内好像还不太一样,所以我来看一下人家的一些做法。"

"(导师)就问我愿不愿参加,那我的想法肯定愿意参加。……我觉得我要更多地参与,不仅仅是参与他这个,假如说有一些(实地考察),或者说带学生实习,我能参加的话都参加一下。"

——D 老师

J老师代表了部分访问学者在访学期间的期待,希望能够与访学院校的导师合作发表论文。一方面,这是访问学者参与知识生产的直接体现;另一方面也是对海外访学期间的学术实践和体验的物化过程,代表着访问学者和访学院校学者在研究上的共同参与。无论是在未来开展国际合作,还是共同申请项目,这些合作发表的论文都将被视作一种共同实践的证明。

"我们自己计划走的时候,应该要发一个合作的论文。因为这个论文,它不仅代表了一种成果,它更代表是一种合作关系。有了这个论文的话,就能很好地证明是有国际合作交流的,在以后,我们哪怕是出去共同申报国际项目,也可以说是一种证明。"

——J老师

二、难以逾越的参与边界

海外访学为学者扩展国际视野、开展学术交流和科研合作等海外学术参与提供了机会,但在访学过程中,也会遇到各种现实困难以及学术参与互动中的种种限制。

(一) 共享学术资源的边界

在海外学术实践共同体中,并非所有访问学者获取海外学术资源的体验都是畅通无阻的。成员资格的区别通常体现在共同体的边界,对学术资源库的获取权限则是一种比较典型的参与边界,直接体现为学者身份卡片的访问权限,包括资料数据获取、选课、听课,以及参与实验观测等方面的限制上。

G老师由于访学院校没有提供身份卡片,无法将书籍借出图书馆,也有访问学者发现自己的书籍借阅权限低于同一学校的博士在读学生。访问学者作为新手进入者,也会因为不熟悉图书馆数据库使用方式等在获取学术资源过程中受到不同程度的限制。由于不是正式在册的院校学生,访问学者无法获取课程相关信息或是选课,如果想进入课堂学习,需要和授课教师单独沟通申请旁听。在实验室,涉及关键技术或公共安全的实验数据和设备也会对访问学者有所限制。

"像在美国,涉及国家相关核心专业的,作为访问学者,是受限的,你是看不到的,特别是涉及公共安全的事情的时候。"

——E 老师

温格指出,共同体中共享的经验库还包括处事方式、惯例和行动等要素。在访问学者接触的学术实践共同体中,实验室成员长期形成的共享经验库还可以通过长期的固定分工加以体现。海外学术实践共同体的原有参与者之间形成了密切的关系,发展了流程化的参与方式,这使得作为外部成员的访问学者难以进入。固定分工构筑了实践共同体的边界,访问学者在尝试进入海外学术实践共同体的过程中会产生明显的边界感。

"像我这边的实验室,项目人员与流程是非常固定的,他不会要求你去做这种事情的。"

——H 老师

(二)参与学术互动的边界

1. 专业不同

多位访问学者出访前的学术期待是与不同研究方向的课题组、实验室等开展跨学科研究,但是出访后进入到实验室才发现实际研究方向的差异比预期更大,由于学术背景的差异开展深入的互动交流比较困难。

I 老师在访学前制定了跨学科的研究计划,期望通过访学接触不同的学科领域,开展跨学科研究,将自己的研究领域和访学实验室的需求及专长结合在一起。但是,在实际开展过程中,访问学者发现彼此之间的专业差异过大,学术交流中的关注点也有所差别,在合作深度上受到限制。

"当时制定了一个计划,就是结合我当时在国内做的,考虑说能不能把我的技术跟这个结合起来,然后在这找一些新的方向。但是来了之后感觉可能我个人有点想得简单了,他们这个背景和我们的背景,包括它的应用范围是完全不同的,所以这个计划基本上也没有实现……有一些(访问学者)也是跟我的状态差不多,出来之后发现,方向差得比较远。"

——I 老师

对于 R 老师而言,由于所在专业主要学术同行在国内,资料文献也以本土资源为主,其与海外学者的交流未必能够做到真正的学术交流。由于专业的本土特点,在海外很难找到完全契合的导师或学术同行开展学术合作,其国内的项目也无法和海外导师开展合作。面临着本土专业和海外访学之间的矛盾,R 老师对本学科出国访学的必要性产生了质疑。

"具体到某些典籍,其实还是没有中国那么全,所以偶尔也会遇到在这找不到那些图书。"

——R 老师

2. 语言不便

对于前往非华语国家的访问学者而言,语言交流是影响其学术参与乃至日常生活的重要难点。访问学者普遍表示语言交流困难是限制学者实现学术参与的最大阻力。这些困难体主要体现在听力和口语交流上,例如交流中的语速、方言、口音等问题直接限制了学者吸收和表达学术观点的能力。

"我感觉虽然我们外语日常交流还可以,但真要用英文来交流(学术研究),还不太够……实际上在国内很少用到英语,所以要用外语和外导进行专业沟通,实际上还不是很顺畅。"

——R 老师

"出国英语培训对我们就是最低的要求了……它仅仅帮助你获得英语通过的资格,所以基本上也是作用很小的,你听不懂还是听不懂。"

——E 老师

E老师也证实访问学者的语言特点是读和写问题不大，但对实际沟通更为重要的听说能力和实际要求差距大。访问学者希望通过亲身前往国外沉浸在语言文化环境中提高语言水平，但部分访问学者却面临着新的问题——从居住环境到接触导师的过程中以中国人居多，缺少预期中的外语学习环境。

"结果来到这个住宿的地方，基本上全是中国人。全都跟中国人住就没有一个学英语的环境，然后自己的导师又是中国人，他的访问学者，全是中国人，所以这样我就少了很多英文的环境。"

——A老师

（三）发展共同事业的边界

1. 政策风险

海外访学不仅是大学组织、访问学者层面的学术交流，也涉及国家政府之间的国际关系。当今世界，国际局势正处在一场深刻的变动之中，使不同专业领域的访问学者与海外学术伙伴一道推动世界科学事业的发展存在一定的制度性风险。

S老师原计划前往美国高水平大学访学一年，但由于仅获得半年期签证而无法在美国完成完整的一年期访学计划，于是计划申请改派到其他国家。海外访学在实际开展的过程中容易受到国际局势波动以及政策因素的影响。即使学者已经获得签证，正在海外学术机构开展访学，其学术交流也可能受到政策限制。这些来自政治层面的压力，一方面使访问学者对进入海外学术实践共同体的合法性身份产生不确定感，对自身所处的访学处境感到担忧。另一方面限制了中国访问学者在海外实践共同体中开展学术研究与合作的深度与广度，如K老师所言，访问学者因为被限制而从事"边角"工作，无法向"充分参与"发展，甚至提前离开。

2. 个体差异

除了政策变化等外部因素，访问学者之间的内在个体差异也会影响在海外对发展共同事业的追求。A 老师表示由于缺乏清晰的学术想法,加上导师很忙碌,和导师的交流频率较低。也有老师认为访问学者自身的科研能力与国外学者之间存在的差距也会导致彼此的学术交流难以深入。

"我觉得到现在就是自己知识储备跟不上来的问题。"

——C 老师

另外,对部分访问学者而言,海外访学是其摆脱国内杂事、实现工作状态调整的机会,也是感受海外文化、体验生活的机会,又或者是出于让子女接受海外教育的目的。将访学更多定位为度假或为子女提供教育机会的学者,往往在学术实践中主动或被动选择一种相对边缘化的参与路径,站在了海外学术实践共同体的边界之外,较难与其他共同体成员一道发展共同事业。

第四节 学术身份的建构与转换

实践中的身份发展路径是随着参与行为不断形塑的动态过程。个体的身份不是仅由一个实践共同体形塑,而是可能存在于过去、现在、未来诸多共同体中;也可能位于不同的位置,有的更核心,有的更为边缘。即使在一个实践共同体中实现了暂时性的充分参与,也会随着新需求、新事件的发生而变化[1]。个体身份发展路径的转变发生于实践共同体中参与经验的增长,以及过去经验和未来预期的联结[2]。个体身份发展的不同轨迹是由个体对成为充分参与者的不同态度和参与方式构成的。

实践中的身份来自参与和物化的相互作用,通过对事物、资源等是否认识、是否熟识、是否可使用等构建起自身的身份认同。因而身份不是一个客体,而是不

---

[1] Wenger E. Communities of practice: Learning, meaning, and identity [M]. Cambridge: Cambridge University Press, 1999.
[2] Hasrati M. Legitimate peripheral participation and supervising Ph.D. students[J]. Studies in Higher Education, 2005, 30(5): 557-570.

断成长发展的过程并体现为多重轨迹的相互作用。本章尝试以实践中身份发展的五条轨迹为参照,对访问学者的个体身份不同建构路径进行探讨,进而反思学术身份如何影响访问学者的海外学术实践与知识生产。

一、身份建构路径

个体在实践共同体中的身份是暂时性的,处于不断形成的过程中,温格在其理论中将个体在实践共同体中的身份认同发展轨迹归纳为边缘轨迹、进入轨迹、边界轨迹、局内轨迹与退出轨迹[①]。访问学者作为多重身份的承载者以及多个实践共同体的参与者,其身份的形成发展过程也遵循着这些轨迹的模式。

(一) 边缘轨迹

对受访学者而言,其在获得海外院校的邀请函和国家留学基金委的资助,并正式出访后,就形成了一种制度化的访问学者身份认同。这种认同随着获取访问学者签证、在海外院校注册身份与开展学术活动而进一步得到强化,同时这也是访问学者区别于其他群体最为根本的一个身份特征。

当学者置身于海外院校,接触到其他身份学者的时候,他们对访问学者这一角色的内在价值以及身份边界将产生更为清晰明确的定位。这种身份边界的明确也是学者在实践过程中与海外学术共同体不断对访问学者这一身份进行意义协商的结果。访问学者在提及这一身份的内在意义时,使用到了"非正式""临时工""不大一样"等具有边缘感、模糊感,甚至矮化自我的表述。

> "现在是一个非正式的身份,因为你不是正式在册的学生……博士后都是有比较正式的身份的,肯定比访问学者身份要高,因为博士后是正式的,身份肯定是比访问学者要正式。他在一个导师组里面,要拿工资的,要做事情

---

① Wenger E. Communities of practice: Learning, meaning, and identity[M]. Cambridge: Cambridge University Press, 1999.

的。我们又不拿工资,也没有一个明确的研究任务。"

——C 老师

在解释访问学者身份的"非正式性"时,C 老师通过与院校博士后进行比较,感觉到在导师的同一课题组中,博士后有明确的研究任务与相应薪酬,而访问学者没有薪酬,研究任务也不被限定。同时由于访学时长的限制,学者的这种非正式性还来自其学术参与的临时性。

"我在这边其实签订了临时合同,我就相当于是个临时工,签的临时工的这种合同。"

——G 老师

访问学者的合法身份虽然获得了双方国家和学校的认可,但访问学者的访学是一种相对短暂、不可持续的实践行为,因此访问学者在海外的学术参与受到这种时长的约束。值得注意的是,个体身份认同的形成并非仅仅通过"是谁"的意义协商完成,同样还包含了对"不是谁"的思考[①]。

"因为毕竟访学的老师之间会有一些共同点,我和当地的学生、其他的人的思维方式还是不太一样。"

——B 老师

访问学者对自己身份的感知和思考,正是在与其他成员或组织的互动中形成的。即便是访问学者的居住地,也是对其居住身份的临时性与模糊性的强化。这种制度化的区隔是不受个体身份影响的,而是随着实践的参与和物化过程使得个体的身份获得了更深刻的意义。由于 I 老师到访院校的人事部门对访问学者身份界定比较模糊,所以 I 老师既无法被归类于教工,也无法被归类于学生,最终影响到访问学者申请学校公寓的资格。

A 老师认为访问学者所处的边缘轨迹很大程度上是因为海外院校没有认识到访问学者的价值。

---

① 王红艳.论新教师的"合法的边缘性参与"学习[J].教育理论与实践,2014,(10):36-39.

> "我就觉得很失望的一点就是……他们对中国的访学者不太好……他们可能没有看到与访学者交流也是一个学习的机会。他们好像对访学者没什么兴趣,没觉得我可以从你身上学到什么。"
>
> ——A 老师

与被动边缘相对应,也有访问学者主动选择边缘化的身份,将访学视为调节工作节奏的机会,将与海外学者的学术沟通作为维持合法身份的手段,并不期望发生深入的学术参与和科研合作。但是,对于被动边缘的访问学者而言,通过其他成员的支持与制度环境的改善,仍然存在充分参与海外学术实践共同体的可能性。

(二)进入轨迹

要勾勒出进入型访问学者的身份发展轨迹,需要对其在学术参与实践中有关"充分"参与的感知形成深入理解。在参与海外学术实践共同体的过程中,访问学者们形成了各自认为的"理想的参与"或是"真正的参与"。例如,F 老师将学术方向的吻合、学术水平的对等作为判断"真正的参与"的标准。

> "访问学者和国外的学者之间真正的交流,它首先是学术兴趣,学术方向是否吻合、是否愿意对话。再一个就是学术水平,国内和国外的研究水平,严谨的程度是否能够真正达到对话、接轨和交流的这个地步。"
>
> ——F 老师

进入型的身份发展轨迹所描绘的正是一种由边缘到充分参与、学术交流与合作逐渐变多的深入过程。N 老师用从硕士到博士阶段学术参与程度的转变来比喻访问学者作为新手进入海外科研团队后的适应和身份建构,表示自己大概经历了三个月的身份适应和转变阶段。

> "在刚开始那个时候,大概就相当于,比如说我们从硕士深入到博士,进入了一个新的团队。"
>
> ——N 老师

从访问学者进入海外院校、实验室、课题组的过程也能够看到海外访问学者的进入型身份认同发展轨迹。访问学者坚持积极参与课题组研究,努力成为课题组中的充分参与者,不断通过调整自身状态深化实践参与,朝着共同体充分参与者的方向发展。对海外访问学者而言,这种充分参与既可能将自己视为被指导的学习者,也可能将自己视为与导师平等的研究者或合作者。

1. 学习者身份

个体身份的形成不仅是访问学者自身的身份想象,也来源于个体在实践参与中与导师、学生等其他成员的相互认可[①]。访问学者之所以认可自己的学习者身份,一方面是因为抱着学习的心态,或是在参与学术实践过程中学习到了海外的科研经验与方法;另一方面是因为与导师和其他学生的互动以及相互之间的角色认可。所以,下文将学习者身份的建构归纳为两类:自我定义的学习者身份和参与互动中建构的学习者身份。

自我定义的学习者身份。访问学者抱着学习的心态,或是在参与学术实践过程中学习到了海外的科研经验与方法,本质都暗含着学习者身份的扮演。E老师和M老师在前往访学院校时就明确了学习前沿知识的目标,希望通过在海外参与学术实践提高科研技能。

"一开始过来,我们肯定是抱着一种学习的态度过来的。"

——M老师

这种积极主动的学习者心态,增加了与海外导师交流学习新想法、新思路的机会,也能够给访问学者带来积极的未来预期,使之增强学习体验的胜任力,这种胜任力正是共同体成员身份的一种形式[②]。

"因为他是你的supervisor,是你的指导老师,我们应该像国内的导师和

---

① Wenger E. Communities of practice: Learning, meaning, and identity [M]. Cambridge: Cambridge University Press, 1999.
② Wenger E. Communities of practice: Learning, meaning, and identity [M]. Cambridge: Cambridge University Press, 1999.

学生一样,这样一种角色……大概是一个在导师指导下的独立研究生……"

——P 老师

互动中建构的学习者身份。由于原有共同体成员在长期实践中形成了相互的认同、共同的话语以及物化的共同体边界等,新手在共同体中的参与以及逐渐获得认可的过程都需要熟手的指引和带领。对访问学者而言,导师是其访学过程中进入海外学术实践共同体的重要引领者,与导师的互动对访问学者的身份认同产生了重要影响。

有访问学者将自己与海外导师的互动过程类比为国内指导的博士研究生与自己的互动,认为自己同样是获得导师指导的个体。I 老师的导师虽然不涉及具体研究内容的指导,但会帮助他寻找研究方向和研究问题。在这样的互动中,访问学者将导师视为学术研究方向的指导者,对应建构了自己的学生身份。J 老师的导师为他和其他访问学者提供了学习方向,他们也以一种学习的心态接受导师的建议。双方这种指导和被指导的关系通过具体的学习互动实现了双向的认可,强化了对彼此"老师"和"学生"身份的归属。

与此同时,和其他学生之间的互动交流也让访问学者意识到自己身份的不同。海外院校学生对自己的界定不同于国内学生,彼此"教师"和"学生"的隔阂减少,因此,访问学者通过将其他学生界定为朋友形塑了自己的学习者身份。

2. 研究者身份

自我定义的研究者身份。学者赴海外访学的一项重要任务是开展学术研究,访问学者通过主动参与实验室的会议、实验,开展项目研究等方式,加入到科研共同体的实践当中,从而呈现出研究者的身份发展的轨迹。L 老师即是通过成为海外学术共同体中的一分子而获得了对研究者身份的意义阐释。

"是相对以研究员的身份作为这边的参与者之一,参加他们整个实验室的研究员的会议、实验。"

——L 老师

M 老师指出访问学者在海外学术共同体中以一种合作交流的研究者身份参

与课题组的实验、参加课题讨论、寻找研究方向、独立承担研究项目、撰写论文等，这些切实的学术实践帮助访问学者界定了自己的研究者身份。

互动中建构的研究者身份。虽然 S 老师的导师也为其提供一些学术上的指导，但是 S 老师与其保持着长期的学术合作，同时年龄相仿，因此他认为自己和导师交流仍保持着自身作为研究者的主体性。共同体中的实践参与也不仅仅是单向的指导与被指导关系，而是相互的交流合作。P 老师也认为导师的指导和帮助只是对自身研究的一种辅助，而非纯粹以学生的身份接受。

> "我们是同龄人，然后各有侧重。所以呢，他是我导师，我向他学习，但是也许有些地方我值得他向我学习。"
>
> ——S 老师

作为研究者的学术参与互动，不仅体现在与知识生产紧密联系的学术交流合作中，有时也体现在研究工作的安排，甚至实验室的日常管理中。O 老师的导师将访问学者与课题组其他成员一视同仁，即便实验室咖啡机清洗工作的排班任务也会将其与其他成员一同纳入值班清洁名单。O 老师将自己在课题组中的身份和普通的博士后相等同。

不论访问学者对自我身份建构为学习者，研究者，抑或博士后，也不论这种身份的建构是源于自我定义，还是源于与海外学术共同体中的其他成员的互动，所有依循进入轨迹开展访学的学者，在很大概率上能够获得访学所带的在知识、视野与规范等方面的增益，进而促进科研合作与知识生产。

（三）边界轨迹

边界轨迹描绘了一种新手在跨越不同实践共同体边界以及联结不同共同体的过程中获得自身价值[1]并持续建构自身身份的过程。这一轨迹和个体在不同共同体之间的中介者身份有密切的关联。

---

[1] Wenger E. Communities of practice: Learning, meaning, and identity [M]. Cambridge: Cambridge University Press, 1999.

个体可以同时参与多个实践共同体,而个体所处的不同个体之间也可以产生多样的实践联结。访问学者在访学的过程中身处多个实践共同体,U 老师将访问学者连接两个或多个实践共同体的中介作用比喻为"桥接(bridging)"。

> "具体的实验都是学生在做,刚才也提到,因为中间有我这么一个桥接,这边主要讨论 idea,由学生在国内实现。"
>
> ——U 老师

U 学者在和海外导师开展学术合作的同时也和国内自己的学生保持着学术上的联系。他一边在海外导师的学术实践共同体中开展研究探讨,构思研究框架,同时又在自己和学生组建的课题组中担任领导者与组织者的角色,从而在两个实践共同体之间构建了桥梁。不同共同体之间的中介桥梁工作是复杂的,既需要其在两个实践共同体中同时具有足够的合法性,也需要具备联结双方的能力。

以桥接者身份为代表的中介者能够在跨界实践共同体之间建立新的联系,促进协调以及为意义协商构建新的机会[1],访问学者作为不同院校学术实践共同体之间的跨界参与者,也切实拥有构建新联系的机会和意愿,并且能够实现构建联系的预期成果。

以 G 老师为代表的访问学者在访学过程中,一方面参加海外院校的学术活动,另一方面也邀请海外学者,为其提供到国内交流的机会,建立人才引进的通道,并为国内学生出国交流提供信息。G 老师通过自身的访问学者身份打通了国内外相对孤立的实践共同体,为海外学者和国内高校建立联系创造了条件,创造了人才引进和交流的机会,实践着不同共同体间的中介者角色。

> "另外有一个华人的 PI(principal investigator,首席研究员),也是一位教授,后面我就帮他申请了一个我们学校的项目,这样就很快建立起联系,后面我们学院还在考虑把他引到我们学院去,所以这个相当于是我在中间搭个桥。"
>
> ——G 老师

---

[1] Wenger E. Communities of practice: Learning, meaning, and identity [M]. Cambridge: Cambridge University Press, 1999.

由于个体参与在不同的实践共同体之中,身份认同的产生必然是多重成员资格的交叠,个体也一直处于自身多重身份的维系和调和之中。因而处于边界轨迹中的访问学者作为一个完整的个体,是多重身份的多元统一与不同身份的混合体,这有利于其调动各方资源,创造更多的科研合作机会。

(四) 局内轨迹

局内轨迹意味着个体在实践共同体中已经处于相对充分的参与状态,并获得了成员资格,但其身份认同的发展并未停止,而是向着未来更深入的参与合作发展[1]。

> "因为以前我就是这边毕业的,所以过来的时候就跟这边老师都已经比较明确。……我对这个团队非常熟悉,到这边来也是这个原因。所以包括跟实验室主任(交谈)我们都是非常自由的,跟朋友一样交流。"
>
> ——L 老师

L 老师选择的访学实验室是其获得博士学位的实验室,所以在访学之初就处于相对充分且自由的学术参与中,与实验室成员的沟通也非常顺畅。以 L 老师为代表的前往有留学经历的学术实践共同体开展访学的学者,往往很快就能够在局内轨迹上扩展未来的学术参与,从而更容易开展高质量的科研合作与知识生产。

(五) 退出轨迹

在海外访学过程中,转学的发生记录了比较典型的退出轨迹,意味着访问学者在特定实践共同体的参与过程中途开始转向追求另一共同体的归属。S 老师提及的访问学者由于无法在访学院校有效地开展学术交流,因而寻求前往另一个学校。此外,访问学者申请转学还可能是签证和政策限制等其他因素。无论出于怎样的原因,转学中断了与原来所在院校的学术共同体开展科研合作与知识生产的

---

[1] Wenger E. Communities of practice and social learning systems: The career of a concept. C Blackmore (Ed.), Social Learning Systems and Communities of Practice, London: Springer London, 2010: 179-198.

可能性,代表着一种访问学者谋求离开原有实践共同体前往新的实践共同体的外向路径。

二、身份转变的多重轨迹

身份认同形成于具体的实践共同体参与过程中,因而身份是暂时且多变的,是在实践共同体中的相对位置。不同身份认同的转变勾勒出的轨迹也不是唯一的,而是基于多重共同体成员身份、多个共同体的参与实践不断协商的结果。事实上,对访问学者而言,在访学期间扮演的身份角色不是唯一的,也不是一成不变的。学习者、研究者和教育者的身份可以同时并存在一个访问学者的身上,也会通过不同实践共同体的转换而兼具多个方向的轨迹。访问学者在海外访学过程中的学术参与状态各不相同,身份认同的发展也遵循不同的轨迹转换。

(一)不同轨迹之间的身份转化

退出轨迹的访问学者最初可能是游离于实践共同体中心,但抱有充分参与期待的边缘型学者。正在实践共同体中沿着进入轨迹追求充分参与实践的学者,可能同时也作为中介者发展出了联结多个共同体的边界轨迹。基于访谈数据,研究发现边缘轨迹可能是最具发展潜力、最具有探讨意义的身份建构路径。这在一定程度上回应了莱夫和温格在探索实践共同体理论初期对"合法边缘性参与"的关注。

从边缘轨迹转变为退出轨迹。A 老师在访学初期希望通过听课以及与导师的交流等方式参与到所在访学院校的科研实践中,但是由于选课限制、导师忙碌等因素,最后调整了访学期待与努力方向,选择专注自身已有研究,继续完成自己国内的课题。虽然仍在海外访学,但学术活动参与热情和与海外实践共同体的互动意愿下降,追求在实践共同体中充分参与的心态也发生了改变,形成了由边缘轨迹到退出轨迹的转变。

"反正在这基本上就是单干……后来一想,算了,也不是一定要听那么多课,反正听课就是感受一下他的课堂,然后看看他的教学模式,所以这个方面我也就不去争取了,把重心还是调整到自己的学术上来。"

——A 老师

从边缘轨迹转变为进入轨迹与边界轨迹共存。Q 老师因为访学期间跟随在研究领域具有较大影响力的导师参与了研究实践,与其他访问学者也进行交流合作,同时联系国内的科研团队成员收集研究数据,并计划撰写发表高质量论文。可见,Q 老师在访学期间的身份发展轨迹并非纯粹的边缘轨迹,而是通过研究实践、交流合作、数据收集,以及后续的写作构思等实践环节,持续卷入不同的实践共同体来深化自身的学术参与,从而实现由边缘轨迹转向进入轨迹与边界轨迹交互存在的过程。

"我觉得我的定位就是出来度假,然后如果能够发表 1 篇比如说(高水平期刊)或者是子刊那种的文章,那就是我最高的目标。"

——Q 老师

(二) 同一轨迹内部的身份转化

学者在海外访学的过程中不仅形成了相互交织而又不断变化的多种身份发展轨迹,而且即使在同一身份轨迹的发展中,也会发生对自己身份认同的解构与重建。如前文所述,在进入轨迹内部,研究发现存在着以学习者身份进入,还是研究者身份进入的不同路径。对于访问学者而言,在进入路径的身份发展过程中,同样面临着学习者与研究者不同身份认同的转变。

1. 研究者转变为学习者

E 老师是国内大学的实验室主任、研究员级别的研究者,拥有助手和学生的团队。但是,在海外顶级院校他需要作为学生从最基础的实验开始操作,这些现实与预期的差别,使得访问学者面临一定的角色调适困难。

"说实在的,我刚开始两个星期真的适应不了。因为在国内的时候,我有助手，有学生，扮演的是导师，课题组 PI 的角色。但是在这里呢，就是要完全换一种角度，我在这里来首先是个学生。这个过程我度过了差不多两个星期才转变过来。"

——E 老师

在面对上述角色和任务的转变时，E 老师选择调整心态，通过明确自己的需求和目标，转变访学预期以及学术参与的重心，以更好地适应新角色。

2. 学习者转变为研究者

随着在实践共同体中知识储备的增加以及研究方向的调整，J 老师和一同访学的学者走到了研究实践中相对主导的位置，使其身份发展轨迹从最初的学习者转变为合作研究者。

"我觉得这个角色，从前往后它是有一个变化过程的，就是一开始我跟我同事来的时候……我们的心态放得也比较低，我们就是学生……然后等学了一阵之后，我们对这个基本了解了，又因为还要以我们原来的研究方向为主……那角色我觉得就发生了一点变化，就相当于我们是一个合作者的关系，以我们为主，以他们为辅，然后这样来合作。"

——J 老师

M 老师在访学目标制定和到访初期对自己的身份界定均是以学习者为主。但在到访后的交流互动中，他发现海外导师和其他学者都将其视为平等合作的研究者。海外实践共同体的参与互动使访问学者意识到自己原有的身份认同与他者对其身份定位之间的差异，这种差异意识反作用于访问学者，促使其重新发展建构自己的身份认同轨迹。

"一开始过来就是说，我们是抱着一种学习的态度过来的。但是慢慢地，其实我们毕竟是访问学者，他们与我们建立了一种平等合作的关系。我能感觉到他们对我们还是有一定的平等合作的心态。"

——M 老师

第五节 小结与建议

一、本章小结

基于实践共同体理论,通过半结构化访谈,研究发现访问学者在海外的科研参与过程中,既存在参与的可能,也存在不可逾越的参与边界。参与的可能体现在访问学者能够获得身份卡片、图书馆资源、工作场地、研究数据、学术活动通知等学术资源,也能够通过邮件网络、办公室面谈、实验室与课题组组会、课堂讨论等方式参与学术互动,获得了解领域前沿、观摩学习、实验操作、项目申请、论文发表等机会。此外,研究也发现访问学者与海外接收导师保持高度一致的研究方向和明确而强烈的学习与合作意愿,是共享学术资源、参与学术互动、发展共同的学术事业,从而促进知识生产的重要前提。

与此同时,访问学者在海外参与实践共同体的过程并不是畅通无阻的,在学术资源共享、学术参与互动以及科研合作等方面也存在难以逾越的边界。最直接的限制体现在学者身份卡片的访问权限上,包括对资料数据获取、选课、听课,以及进入实验室等限制。其次,语言不便、专业不同等主观与客观原因也会降低访问学者参与学术互动的可能性。再加上外部国际环境变化与政策限制、个体能力与心态差异等,都不利于访问学者实现对学术实践共同体的充分参与,从而限制了科研合作与知识生产的开展。

另一方面,海外访学学术身份的建构与转变也会影响到访问学者的知识生产。在实践共同体理论中,开展实践需要共同体成员的共同参与,并互相承认彼此为实践的参与者。在海外访学过程中,访问学者通过对事物、资源等是否认识、是否熟识、是否可使用等构建起自身的身份认同,从而获取某种合法的成员身份。通过与实践共同体中的其他成员进行特定的互动实现共同参与,并投入到学术实践共同体的事业发展中。研究发现,在边缘轨迹、进入轨迹、边界轨迹、局内轨迹和退出轨迹五种身份建构轨迹中，进入轨迹、边界轨迹和局内轨迹的身份建构轨迹相对有利于访问学者充分参与到实践共同体中；边缘轨迹是最具发展潜力、最具有探讨意义的身份建构路径，实践共同体的其他成员与制度环境的支持与否，对处于边缘性参与的学者能否转变为充分参与者具有重要意义；而退出轨迹对访问学者的实践共同体参与最为不利。

最后很重要的一点，访问学者建构的身份认同是暂时而多变的，也可能同时兼具多个身份的发展轨迹。不同轨迹之间可以发生身份转化，如从边缘轨迹转变为投入轨迹或退出轨迹，也可能从边缘轨迹转变为进入轨迹或边界轨迹。同一轨迹内部也可以发生更为具体的身份认同转化，如进入轨迹的访问学者，对自身的身份认同可能从研究者转变为学习者，也可能从学习者转变为研究者。

二、政策建议

第一，推动访学形式多元化，增加短期海外、国内访学等形式。一年到两年的访学可以让访问学者在海外有更多的时间参与学术活动或开阔自身视野，但也可能面临和国内团队的衔接不畅等问题。另外，回国后也可能因为缺少后续的维护而弱化在海外构建的学术联系。因此，建议提供研究团队成员的短期互访以及后续的短期回访支持，以促进团队层面不同学术实践共同体的国际交流以及学术网络的维系。另一方面，对部分学科而言，由于学科专业的本土特质，或者由于国内外学术发展过程中差距的逐渐缩小，甚至存在海外学术水平不如中国的情况，出国访学反而不如在国内开展学术合作的收获更大，学术交流也面临更多的不便。这部分学科对海外交流的需求小于国内学术交流的需求，为满足国内院校提升国际化的规定而选择出访，反而导致了学者学术时间和精力的浪费，以及国家政府资源的损耗。针对这些学科，建议将其用于海外访学的资助转移到对国内访学的支持，为国内学术交流提供更多的机会和选择。

第二，完善访学反馈机制，建立有效的问题沟通渠道与过程性评价措施。一方面，不同国家的社会制度各不相同，访问学者在海外访学的过程中可能会遇到生活、学术、医疗乃至安全各方面的现实问题。访谈中学者反映在海外可能遇到各种困难需要寻求国家的帮助,但缺乏与国内相关部门的沟通渠道,尚未建立有效的问题解决机制。访问学者的建议也难以及时反馈至相关管理部门,因此建议有关主管部门建立服务访问学者的畅通有效的沟通反馈机制,及时发现问题、解决问题。另一方面,访问学者在海外访学期间的学术实践参与情况存在较大差异。尤其针对部分访问学者学术参与过于边缘、与研究计划不相匹配等问题,建议优化过程性评价,结合已有的评价方案,兼顾不同学科的专业特点,制定更加具有针对性、促进性的过程评价措施。

第三,加强访学计划的可行性评估,提高身心健康与安全意识。在访谈中发现,造成学术实践参与困难的个体因素主要体现在与导师专业不匹配、对访学院校的了解不充分、学术水平不足等。这类问题可以通过找准研究方向、制定合理的研究计划、了解契合领域的导师和院校等前期准备而得到很大程度上的改善。因此,一方面建议访问学者自身多做功课,明确访学的学术需求以及院校学术水平、导师的研究方向等。另一方面,在申请访学过程中,相关部门进一步完善访学计划的可行性评估,避免为了访学而访学去选择不合适的海外院校,引发一系列适应问题。不过,即使访问学者在访学前期做好准备,仍然可能面临诸多问题。特别是青年学者在国内面临较大的科研和考核压力,出国访学也面临在陌生社会文化环境中的语言障碍、缺少朋友和家人的关爱,以及学术研究开展困难等一系列问题。为此,建议访学个体提高身心健康意识与积极调整适应的能力,相关部门加强对身心健康问题的重视,并提供相应保障措施。

◆ 第五章
国际学术流动与知识生产的时空变革：
　"双一流"建设的挑战与机遇

地球正在迅速缩小成一个村庄。通过发达的信息技术、便捷的交通运输,全球化加速了人才与知识的世界性流动,使得世界各地的人们参与到全球科学、知识和观念的生产与流通之中[1][2]。高等教育领域的全球化就像一枚硬币的正反两面。一面是跨越国家边界的流动,包括学生、学者、管理者等人员流动,信息、知识、规范、思想和政策的流动,以及技术、资本和资源的流动[3]。与此同时,跨境研究合作的规模正在迅速扩张[4]。另一面是国家边界正在成为一个限制在世界范围内进行全球流动的隐形的反向作用要素。全球知识生产体系由世界顶尖的研究型大学主导,这些大学将规范和价值观念施加于其他参与者[5]。国家边界的存在,使得全球科学体系既存在横向多样性,包括语言、教学、学术研究以及大学组织系统和文化的差异;又存在纵向多样性,包括全球竞争、等级差异、排斥和不平等的地位。总言之,全球科学领域的人才与知识流动异常活跃,但不均衡。

第一节 全球科学体系中的分层机制与能动机制

作为一个新兴的全球领域或世界体系,全球科学体系包括了世界上几乎所有

---

[1] Altbach P G. Peripheries and centers: Research universities in developing countries[J]. Asia Pacific Education Review, 2009, 10(1): 15-27.
[2] Altbach P G. Globalisation and the university: Myths and realities in an unequal world[J]. Tertiary Education and Management, 2004, 10: 3-25.
[3] Marginson S. Global field and global imagining: Bourdieu and worldwide higher education[J]. British Journal of Sociology of Education, 2008, 29(3): 303-315.
[4] Vincent Lancrin S. What is changing in academic research? Trends and futures scenarios[J]. European Journal of Education, 2006, 41(2): 169-202.
[5] Altbach P G. Peripheries and centers: Research universities in developing countries[J]. Asia Pacific Education Review, 2009, 10(1): 15-27.

国家和地区的科学知识生产者。与其他跨国结构一样，这一全球化领域的最大特征是核心-外围结构，由西方国家的知识生产者、出版商和期刊主导。这一结构衍生出的权力关系导致了资源不对称的全球单向流动的格局，形成了当前关于全球知识生产的许多争论的背景。不过，这并非故事的结尾。全球科学体系在很大程度上是一个自组织网络，知识本身又具有公共物品属性，最重要的是，作为知识生产主体的研究者具有强大的能动性。随着时间推移，行动主体通过在全球科学网络体系中采取积极行动，位置分布、关系结构不断得到重塑。对此，马金森、科维克（Marek Kwiek）等学者进行了一定理论探讨。他们认为，从中期来看，美国在全球科学体系中的主导地位不置可否，但从长远来看，西欧国家的研究实力会改变全球竞争的环境，中国长期致力于建设世界顶尖的研究型大学，强大的新兴国家完全有可能逆转人才流失并改变其在世界高等教育和科学研究体系中的地位作用[①]。

一、全球科学体系中的分层机制

20 世纪 70 年代美国社会学家沃勒斯坦（Immanuel M. Wallerstein）提出的世界体系理论将世界看作一个整体，认为世界经济体系、政治体系、文化体系都是由中心、边缘以及介于二者之间的半边缘三重结构组成，中心地区处于社会经济和技术发展的前沿，而边缘地区则提供廉价劳动力和低加工资源，构成了世界体系不平等的层级结构[②]。阿特巴赫（Philip G. Altbach）等学者运用这一"核心-外围"结构来描述国家间学术系统不平衡的状态[③]。"就像在整个世界体系中一样，结构

---

① Marginson S. Dynamics of national and global competition in higher education[J]. Higher Education, 2006, 52(1): 1-39.
② Wallerstein I. The modern world-system[M]. Berkeley: University of California Press, 2011.
③ Altbach P G. Globalisation and the university: Myths and realities in an unequal world[J]. Tertiary Education and Management, 2004, (10): 3-25.

层次是全球科学的内在特征"①,新思想主要在核心地区产生,然后被外围模仿,来自外围的科学家通过流动到核心国家获得学术地位②。科学世界再现了核心-外围的全球层级结构,本研究将这种结构的形式概括为由资源驱动、符号驱动与权力驱动的三类分层机制。

由经济、人力与语言等资本驱动的结构分层。阿特巴赫认为核心国家之所以能够长期占据全球科学体系的顶端,很大一部分原因在于这些国家通常经济实力雄厚,拥有前沿研究所需的图书馆、实验室等基础设施,拥有学术自由的传统和规章制度,聚集全球顶尖学者,以及教授、学生和大学对学术的追求,从而长期引领世界高等教育的教学与科研、组织模式和发展方向。而处于学术外围的院校机构,因为各种资源短缺、学术标准低下而亦步亦趋③。除经济资源、人力资源外,语言也是占据学术系统核心位置的关键因素。阿特巴赫指出,美国作为世界上最大的学术系统和最重要的英语使用者,拥有双重优势。顶尖的国际学术期刊大都位于美国和英国的顶尖大学之中,并用英语出版。美国学者不仅可以用母语写作,而且同行评价体制也是以其熟悉的语言和方法论进行的。而非英语国家要想与其交流,就要使用英语并且要尽量适应这种陌生的学术规范,不断向主要英语国家的学术体系方向靠近,进而强化了英语国家对顶端学术系统的影响与优势④。

由知识生产场域中的符号驱动的结构分层。马金森将布尔迪厄(Pierre Bourdieu)关于文化生产的分析迁移到知识生产中,认为知识的生产不能被简单看作一种认识和经验的生产,也是一种符号价值的生产。赋予知识价值的不仅仅是知识本身的意义,更源于处于结构核心位置的国家、大学及知识领袖的稀缺性。

---

① Olechnicka A, Adam P, Celinska-Janowicz D. The geography of scientific collaboration[M]. Oxford: Routledge, 2019: 105.
② Schott T. Ties between center and periphery in the scientific world-system: Accumulation of rewards, dominance and self-reliance in the center[J]. Journal of World-Systems Research, 1998: 112-144.
③ Altbach P G. Globalisation and the university: Myths and realities in an unequal world[J]. Tertiary Education and Management, 2004, (10): 3-25.
④ Altbach P G. Globalisation and the university: Myths and realities in an unequal world[J]. Tertiary Education and Management, 2004, (10): 3-25.

布尔迪厄将这一过程称之为"社会炼金术"（social alchemy）[1]。在研究知识生产时，不是研究创造了什么知识，也不仅是研究知识生产者，而要剖析谁赋予了知识领袖——可能是群体，也可能是机构——"点石成金"的权力，以及一切与支撑知识"集体信仰"相关的社会行动者，包括科学家、大学校长、广大师生、刊物编辑、出版商等。以哈佛大学、斯坦福大学等美国大学为首，再加上牛津大学、剑桥大学和少数其他的大学，通过在世界国家系统中的学术地位获得全球知识生产优势，形成"限制性生产子场域"。这些精英学术机构的全球影响力依赖于其他位于从属地位的机构和国家，并通过知识全球化及其在全球网络、大学排名和大众文化中显示的卓越地位，使之不断得到增强。[2]

由全球网络中的"霸权关系"驱动的结构分层。美国在全球高等教育领域的霸权类似于美国对通信技术、对电影、电视、媒体内容的控制，这种控制不像军事力量那样自上而下强迫个体违背自己的意愿屈从于权力压迫，而是通过定义学术规范和管理议程，定义这个时代的大学理念[3]与科学价值，让个体"自发"地赞同（"spontaneous" consent），以统一意见来达到支配目的[4]。科学研究中的霸权积累在由美国大学主导的全球科学网络中，通过吸引外围国家的优秀学者引发单向流动；使其充当核心国家的分包商或常规研究提供者[5]。基于研究与知识的不对等集中性与单向流动性，这种霸权关系发生在世界范围内的国家之间和大陆文明的复杂主体之间，构成不同国家与地区的科学力量之间的较量，是位于全球科学核心位置的国家为了主导其他外围国家发展，在知识生产与传播领域掀起的一场全球化运动。

---

[1] Bourdieu P. The field of cultural production: Essays on art and literature[M]. New York: Columbia University Press, 1993.
[2] Marginson S. Global field and global imagining: Bourdieu and worldwide higher education[J]. British Journal of Sociology of Education, 2008, 29(3): 303-315.
[3] Marginson S. Global field and global imagining: Bourdieu and worldwide higher education[J]. British Journal of Sociology of Education, 2008, 29(3): 303-315.
[4] Gramsci A. Selections from the prison notebooks[M]. New York: International Publishers, 1971.
[5] Olechnicka A, Adam P, Celinska-Janowicz D. The geography of scientific collaboration[M]. Oxford: Routledge, 2019: 105.

在资源积累、符号象征与权力关系上,外围国家均处于劣势地位,这导致与核心国家的科研机构、大学开展合作成为其参与到全球科学体系中的一条较为可行的路径。不过,研究合作也是核心国家对外围国家进行科学统治的方式之一[①],来自外围的学者需要向上合作来发表论文、获得经费与学术认可,从而提高个体的研究绩效、带动国家的科学发展。

二、全球科学体系中的能动机制

在全球化时代,人口、信息和思想的全球流动激发了学者构建新的"想象的景观",阿帕杜赖(Arjun Appadurai)将其描述为一种新的想象地带,强调流动性、多元性以及能动性,其中行动者产生全球流动的文化,而流动也在产生和转化行动者[②]。全球互联互通具有变革力量,发达的通信技术与便捷的交通运输打破了核心国家始终引领世界最先进知识生产的神话,打破了学术领袖与学术规范只能源起于西方大学的传说。这种开放性为重塑知识生产体系,促进知识的全球生产与传播,以及发挥知识生产者的能动性,提供了必要条件。

作为自组织网络的科学体系。正如瓦格纳(Caroline S. Wagner)所言,"跨越全球的自组织网络是当今科学最显著的特征"。[③] 在这一新兴的自组织系统中,研究伙伴和研究主题由科学家做出选择,知识生产由好奇心而非国家驱动[④]。科维克同样认为,全球科学系统不是由单一实体创建或规划的,而是嵌入科学家自己制定的规则中,强调个体自主性与知识创造共同体的需求,并作为一个自组织系

---

① Olechnicka A, Adam P, Celinska-Janowicz D. The geography of scientific collaboration[M]. Oxford: Routledge, 2019: 105.
② Appadurai A. Modernity at large: Cultural dimensions of globalisation[M]. Minneapolis: University of Minnesota Press, 1996: 27, 32.
③ Wagner C S. The new invisible college: Science for development[M]. Washington, DC: Brookings Institution Press, 2008: 2.
④ Wagner C S, Leydesdorff L. Network structure, self-organization, and the growth of international collaboration in science[J]. Research policy, 2005, 34(10): 1608-1618.

统进行维护①。金（Roger King）将科学自组织网络的形成与运作描述为一种由研究者自我监管和协作的"自治"（autonomy）过程，"科学家形成了一个道德共同体，对特定行为有着一致的看法"②。作为一种相对纯粹的自我参照的科学形式，全球科学体系以科学家自治的协会为基础，由自治的专业公约以及全球出版标准来进行规范。这种科学的网络化模式作为一种自治的、开放的系统，对新进入者，特别是新兴国家开放机会③。

作为全球公共物品的知识。全球公共产品被定义为"具有非竞争性和/或非排他性的重要元素，并在全球范围内为人类广泛提供的物品"④。知识是一种天然的经济公共产品⑤，也是一种重要的全球公共物品。虽然在创造之初，知识可以通过专利或版权等方式被人为私有化；但一旦知识被揭示出来，就很容易被复制而无需成本，其非竞争性和非排他性就会占据主导地位⑥。更重要的是，在过去三十年中，全球科学与民族国家之间的关系发生了变化⑦，正从科学民族主义转向科学全球主义。知识的全球公共物品属性使其在世界范围内相对自由地流动，较少受到国家和资本的控制，相对较难被垄断和商品化。瓦格纳等人注意到世界不同地

---

① Kwiek M. The globalization of science: The increasing power of individual scientists. In P Mattei, X Dumay, E Mangez, et al. (Eds.) The Oxford Handbook of Education and Globalization. Oxford: Oxford University Press, 2021.
② King R. Power and networks in worldwide knowledge coordination: The case of global science [J]. Higher Education Policy, 2011, 24(3): 359-376.
③ Kwiek M. The globalization of science: The increasing power of individual scientists. In P Mattei, X Dumay, E Mangez, et al. (Eds.) The Oxford Handbook of Education and Globalization[M]. Oxford: Oxford University Press, 2021.
④ Kaul I, Grunberg I, Stern M. Global public goods: International cooperation in the 21st century[M]. New York: Oxford University Press, 1999: 2-3.
⑤ Stiglitz, J. Knowledge as a global public good. In I Kaul, I Grunberg, M Stern (Eds.) Global Public Goods: International Cooperation in the 21st Century. New York: Oxford University Press, 1999: 308-325.
⑥ Marginson S. The new geo-politics of higher education: Global cooperation, national competition and social inequality in the World-Class University (WCU) sector[R]. Oxford: Centre for Global Higher Education, 2018.
⑦ Wagner C S, Park H W, Leydesdorff L. The continuing growth of global cooperation networks in research: A conundrum for national governments[J]. PloS One, 2015, 10(7): e0131816.

区的研究能力在增强,国家科研体系和研究团队可以自下而上快速连接到全球科学体系所有节点,科研产出和合作关系的分布范围变得更为广泛[1][2]。

作为具有能动性的知识生产者。"能动性自由(agency freedom)"被森(Amartya Sen)解读为人类的积极意志,是人类最高层次的自由[3]。具体到全球科学体系,瓦格纳将跨越全球的科研网络比喻为一个隐形学院,将其中的科研工作者称为"全球网络化科学中的自由行动者(free agents in global networked science)""他们合作不是因为他们被要求,而是因为他们想要,他们一起工作不是因为他们共享一个实验室甚至一个学科,而是因为他们可以相互提供互补的见解、知识或技能"[4]。同一学科或相关学科的研究者希望一起工作,希望通过创造知识履行其个人和集体的职责。马金森将这种研究者个体所拥有的权力与力量称为"自我决定的能动性自由(self-determining agency freedom)"[5],认为研究者这种自我决定的能动性对全球科学体系的形成与演变产生了重大影响,由此带来的知识自由流动促成了科学的持续增长并向各个方向传播[6]。

三、实证发现

全球科学体系是由大学、研究机构、学术期刊、国际学会等机构组织以及

---

[1] Wagner C S, Park H W, Leydesdorff L. The continuing growth of global cooperation networks in research: A conundrum for national governments[J]. PLoS One, 2015, 10(7): e0131816.
[2] Marginson S. What drives global science? The four competing narratives[J]. Studies in Higher Education, 2022, 47(8): 1566-1584.
[3] Sen A. Well-being, agency and freedom: The Dewey lectures 1984[J]. The Journal of Philosophy, 1985, 82(4): 169-221.
[4] Wagner C S. The new invisible college: Science for development[M]. Washington, DC: Brookings Institution Press, 2008: 2.
[5] Marginson S. Global field and global imagining: Bourdieu and worldwide higher education[J]. British Journal of Sociology of Education, 2008, 29(3): 303-315.
[6] Marginson S. The world research system: expansion, diversification, network and hierarchy. In C Callender, W Locke, S Marginson (Eds.) Changing Higher Education for a Changing World[M]. London: Bloomsbury, 2020: 35-51.

研究者之间的合作交流构建而成的科研网络。其中期刊论文是学者在特定领域发表研究成果的主要形式之一,是衡量知识生产的重要指标之一。当然,除了期刊论文,著作、专利、会议论文等也是知识生产的重要方面,只是基于数据可获得性,本研究通过考察论文发表来对国际流动与知识生产进行探讨。现有研究中关于学术人才国际流动对论文发表的影响已经达成的基本共识是,国际流动对我国学者的"国际论文"发表具有积极影响。杨芳娟等人对12个学科领域的中国高被引科学家样本进行分析发现,不论留学还是访学流动,均对国际论文总数以及高影响因子论文数存在显著正向影响[1]。余广源与范子英聚焦我国财经类高校经济类学科的全职海归教师,发现海归博士毕业所在学校的排名不仅对海归教师的国际发文数量具有正向影响,还会提高其发表论文的影响力,而且那些博士毕业后在国外任职多年、有一定科研成果的学者,归国后发表的国际论文数量明显高于那些刚毕业就回国、在国外没有科研成果的学者[2]。相关研究的主要争议在于发生国际流动的学者是否在"国内论文"发表上同样存在优势,不同研究给出了不同的结论。鲁晓等人基于国内7 907位科技工作者的数据发现,不论在SCE/EI论文发表上,还是我国国家级论文发表上,海归科学家的平均论文总数均超过本土科学家[3]。而吴娴基于2012年亚洲学术职业调查数据[4]与夏纪军基于2014中国大学教师调查数据[5]的研究均发现,海归学者在知识生产数量与质量上的优势仅体现在国际发表中。鉴于海归教师的研究兴趣以及考核导向,使用国内期刊论文发表作为知识生产衡量指标可能会低估海归教师的知识生产水平。考虑本研究旨在

---

[1] 杨芳娟,刘云,侯媛媛,等.中国高被引学者的跨国流动特征和影响——基于论文的计量分析[J].科学学与科学技术管理,2017,38(09):23-37.
[2] 余广源,范子英."海归"教师与中国经济学科的"双一流"建设[J].财经研究,2017,43(6):52-65.
[3] 鲁晓,洪伟,何光喜.海归科学家的学术与创新:全国科技工作者调查数据分析[J].复旦公共行政评论,2014(2):7-25.
[4] Xian W. A quantitative study of the internationalization of the academics and research productivity: Case study of China[J]. Chinese Education & Society, 2015, 48(4): 265-279.
[5] 夏纪军.近亲繁殖与学术退化——基于中国高校经济学院系的实证研究[J].北京大学教育评论,2014,12(4):130-140.

探讨全球科学体系,所以数据来源于国际论文发表,不涉及流动对国内论文发表的影响探讨。

基于国际流动对知识生产存在影响这一基本事实,以茨威格(David Zweig)为代表的跨国人力资本理论[1][2]、以默顿(Robert K. Merton)为代表的积累优势理论[3],以及对镶嵌了社会资本的学术关系网络的研究探讨,均尝试从研究者个体出发对其影响机制进行分析。此外,也有研究关注到回国年份对科学家学术表现存在显著影响,发现早期国际流动经历对学者科研产出的积极作用更大,但这一研究主要从国家内部政策环境等因素进行分析[4]。与上述跨国人力资本理论、积累优势理论以及社会资本理论关注的研究层面并无本质差异,均未从更宏观的层面对全球科学体系中的结构因素的影响进行探讨。为此,本章旨在基于我国最顶尖的四所"双一流"建设高校近二十年的学术人才国际流动与发表数据,从时间与空间两个维度上,论证国际流动以及流动到位于科学体系核心位置的国家与地区对我国学者知识生产的影响正在逐渐减弱这一基本假设,证明核心-外围的层级结构对我国学者知识生产的影响呈现减弱的趋势。

第二节 研究假设与研究设计

一、研究假设

我们看到全球科学体系仿佛是一个等级化的金字塔,不同国家的学术机

---

[1] Zweig D, Changgui C, Rosen S. Globalization and transnational human capital: Overseas and returnee scholars to China[J]. The China Quarterly, 2004, 179: 735-757.
[2] Zweig D, Changgui C, Rosen S. Globalization and transnational human capital: Overseas and returnee scholars to China[J]. The China Quarterly, 2004, 179: 735-757.
[3] Merton R K. The sociology of science: Theoretical and empirical investigations[M]. Chicago: University of Chicago Press, 1973.
[4] 鲁晓,洪伟,何光喜.海归科学家的学术与创新:全国科技工作者调查数据分析[J].复旦公共行政评论,2014(2): 7-25.

构因发展不均衡而处于不同层级。学术体系的核心-外围结构存在至今,而且在未来很长时间内也会继续存在。国家间知识生产的不均衡是驱动学术人才国际流动的根本原因。国际知识生产系统的分化结果在很大程度上促成了外围国家的学术人才向核心国家流动。不过,有关全球本体开放性和能动性的讨论表明,不同国家在全球学术体系中的位置也并非一成不变,让我们看到日益频繁的跨越国界的全球流动为知识生产主体的多元化提供了可能性。

全球科学体系是一个在分层机制与能动机制共同作用下的双重结构体系。在分层机制作用下,我国的学术人才国际流动会促进国际发表,流动到核心国家与地区对国际发表的促进作用更大。在能动机制作用下,国际流动对国际发表的促进作用会逐渐减弱,流动到核心国家与地区对国际发表的促进作用也会越来越小。基于此,研究旨在从世界作为一个整体的视角来探讨国际流动对我国学者国际发表的影响在时间和空间上的变化,验证流动到全球科学体系中的核心国家与地区对我国知识生产的影响正在逐渐减弱这一基本假设。具体而言:

假设一:在时间维度上,对不同世代的学者进行纵向对比,不同类型的国际流动对国际发表的影响随着时间变化而逐渐减弱,在一定程度上说明全球科学体系的核心-外围层级结构对我国学者在全球知识生产中的影响在逐渐减弱。

假设二:在空间维度上,流动到北美、欧洲等核心国家与地区对国际发表的影响逐渐减弱,在一定程度上说明我国学者的知识生产对全球科学体系中的核心国家与地区的依赖在逐渐减弱。

二、研究方法

(一)样本选取与变量设计

根据学者博士毕业年份,将学术人才国际流动与发表数据库中的样本分为三个世代的学者群体：将在1997年（含）之前获得博士学位的学者归为"第一代"，在1998—2007年（含）之间获得博士学位的学者归为"第二代"、在2008—2017年（含）之间获得博士学位的学者归为"第三代"。鉴于本章只探讨第二代与第三代学者之间的变化，所以删除第一代学者样本，只保留了第二代与第三代样本，删除变量信息缺失数据后，最终纳入数据模型分析有效样本为768个，其中经济学为262，计算机学科为229，物理学为277。

被解释变量为知识生产，包括国际发表数量、质量、贡献与合作四个维度。其中，国际发表数量通过年均国际论文发表篇数衡量，由1987—2017年发表的论文总篇数除以博士毕业后工作年限计算得到。国际发表质量通过篇均被引次数衡量，由1987—2017年发表的论文总被引次数除以同期论文总篇数计算得到。鉴于学者对论文的贡献大小往往体现在作者排序，所以本研究通过篇均担任主要作者的论文篇数测量学者对国际发表的贡献，由1987—2017年发表的担任第一作者和/或通讯作者的论文篇数除以同期论文总篇数计算得到。关于国际合作发表，分别设置亚太地区合著论文篇数、北美地区合著论文篇数、欧洲地区合著论文篇数三个因变量。

解释变量包括国际流动类型、流动地域以及流动世代三类变量。关于流动类型，以未发生国际流动为参照组，分别设置"留学归国""出国访学""双重流动"三个虚拟变量。关于流动地域，研究聚焦留学这一种流动类型，下文将之表述为留学地域，以在中国大陆获得博士学位为参照组，分别设置"亚太地区""北美地区""欧洲地区"获得博士学位三个虚拟变量。关于流动世代，聚焦第二代与第三代学者的知识生产变化，以第二代学者为参照，设置"第三代"一个虚拟变量。

控制变量包括性别、学术年龄、职称。其中，以中级职称为参照组，设置"高级""副高级"两个虚拟变量。中级职称主要包括讲师、助理教授、助理研究员；副高级职称主要包括副教授、副研究员；高级职称主要包括教授、研究员。变量描述统计分析，如表5-1所示。

（二）分析模型

根据前文所提出研究假设，模型设计如下：首先公式（1）考察第二代与第三代学者的国际流动类型对知识生产的影响；公式（2）在对流动类型进行控制的基础

表5-1 经济学、计算机学科与物理学样本描述性统计

类别	变量	经济学 最小值	经济学 最大值	经济学 平均值	经济学 标准差	计算机学科 最小值	计算机学科 最大值	计算机学科 平均值	计算机学科 标准差	物理学 最小值	物理学 最大值	物理学 平均值	物理学 标准差
数量	年均论文篇数	0	3.88	0.46	0.60	0	18.82	1.98	2.36	0	19.80	4.63	3.26
质量	篇均被引次数	0	181	8.09	16.19	0	113.83	12.82	14.90	0	1101.18	39.59	79.60
贡献	篇均担任主要作者论文篇数	0	1	0.43	0.38	0	1.21	0.27	0.24	0	1	0.32	0.19
合作	与亚太地区合著论文篇数	0	17	0.82	1.87	0	81	4.31	9.28	0	80	9.86	12.66
	与北美地区合著论文篇数	0	37	2.01	4.25	0	55	4.78	7.26	0	112	18.40	20.01
	与欧洲地区合著论文篇数	0	11	0.47	1.26	0	17	1.33	2.47	0	90	10.57	14.09
流动类型	留学归国(以未流动为参照)	0	1	0.44	0.50	0	1	0.24	0.43	0	1	0.38	0.49
	出国访学	0	1	0.26	0.44	0	1	0.10	0.31	0	1	0.13	0.33
	双重流动	0	1	0.10	0.30	0	1	0.03	0.17	0	1	0.03	0.18
留学地域	亚太地区(以中国大陆为参照)	0	1	0.06	0.25	0	1	0.14	0.34	0	1	0.06	0.23
	北美地区	0	1	0.42	0.49	0	1	0.09	0.29	0	1	0.27	0.45
	欧洲地区	0	1	0.06	0.24	0	1	0.04	0.19	0	1	0.08	0.27
流动世代	第三代(以第二代为参照)	0	1	0.38	0.49	0	1	0.41	0.49	0	1	0.47	0.50
个体特征	女性(以男性为参照)	0	1	0.29	0.45	0	1	0.17	0.38	0	1	0.17	0.38
	学术年龄	1998	2017	2005.91	4.85	1998	2017	2006.28	4.67	1998	2017	2006.62	4.94
	高级(以中级职称为参照)	0	1	0.31	0.46	0	1	0.35	0.48	0	1	0.54	0.50
	副高级	0	1	0.44	0.50	0	1	0.52	0.50	0	1	0.32	0.47

上,考察第二代与第三代学者的留学地域对知识生产的影响。

$$y_i = \beta_0 + \beta_1 mobtype_i + \beta_2 mobtype_i * coht3$$
$$+ \beta_3 coht3 + \sum_{k=4}^{K} \beta_k x_{k,i} + \varepsilon_i \qquad 公式(1)$$

$$y_i = \beta_0 + \beta_1 stuarea_i + \beta_2 stuarea_i * coht3 + \beta_3 coht3$$
$$+ \beta_4 vis_i + \beta_5 bimob_i + \sum_{k=6}^{K} \beta_k x_{k,i} + \varepsilon_i \qquad 公式(2)$$

因变量 y_i 表示教师个体 i 的国际发表,包括数量、质量、贡献、亚太地区合作、北美地区合作及欧洲地区合作六个因变量。在公式(1)中,模型的关键变量 $mobtype_i$ 表示学者国际流动类型的三个虚拟变量,回归系数 β_1 表示在其他自变量取值保持不变的情况下,第二代学者的留学、访学与双重流动三种不同类型的国际流动对知识生产的影响。系数 β_2 表示第三代学者与第二代的差值,所以 $\beta_1 + \beta_2$ 表示第三代学者不同类型的国际流动对知识生产的影响,该影响是否显著需要通过 F 检验的方法进一步验证。系数 β_3 代表,以第二代未流动学者为参照,第三代未流动学者对其知识生产的影响。x_{ki} 第 i 个教师个体控制变量,包括性别、职称、学术年龄。ε_i 代表随机扰动项。

在公式(2)中,$stuarea_i$ 表示留学地域的三个虚拟变量,回归系数 β_1 表示在其他自变量取值保持不变的情况下,第二代学者不同地域的留学对知识生产的影响。系数 β_2 表示第三代学者与第二代的差值,所以 $\beta_1 + \beta_2$ 表示第三代学者不同地域的留学对知识生产的影响,该影响是否显著同样需要通过 F 检验的方法进一步验证。系数 β_3 代表,以在国内获得博士学位的第二代为参照,在国内获得博士学位的第三代对其知识生产的影响。与公式(1)一样,对个体层面变量进行了控制,同时还控制了访学流动 vis_i 和双重流动 $bimob_i$。

第三节　时间维度下国际学术流动对知识生产的影响变化

一、不同流动世代对国际发表数量的影响变化

（一）经济学

在国际论文发表数量维度，对第二代学者而言，与未发生国际流动的学者相比，留学归国的学者年均发表量增加 0.971 篇，在 1% 水平上存在显著正向影响。对第三代学者而言，与未发生国际流动的学者相比，留学归国的学者年均发表量减少 0.174 篇，不过，经 F 检验[①]，留学归国对年均发表篇数影响并不显著。两代进行比较发现，从第二代到第三代，学者留学的影响系数从正变为负，影响从显著变为不显著，说明留学对年均发表篇数的促进作用逐渐消失。通过"留学归国＊新生代"对应的 P 值可以判断，两代留学归国的学者在年均发表篇数上存在显著差异，即第三代留学归国的学者在年均发表篇数上显著低于第二代留学归国的学者。双重流动对学者年均发表篇数的影响与留学基本相似。关于访学，数据显示第二代学者的访学流动对年均发表篇数不存在显著影响；通过 F 检验，第三代学者的访学流动对年均发表篇数也不存在显著影响，但第二代访学流动的影响系数为正，第三代访学流动的影响系数为负，且存在显著差异。关于未发生国际流动的学者，与第二代未发生国际流动的学者相比，第三代年均发表篇数增加 1.243 篇，且存在显著差异。

简言之，在经济学的国际发表数量上，通过第三代与第二代进行比较发现，留学归国与双重流动学者的优势逐渐消失；即便访学对发表数量不存在影响，第三

[①] F 检验的方法，原假设"留学归国"＋"留学归国＊第三代"＝0，如果 P＜0.1，则原假设不成立，存在显著影响。

代访学流动的学者在国际发表数量上较第二代有显著减少;而第三代未发生国际流动的学者在国际发表数量上较第二代有显著增加。

(二)计算机学科

在国际论文发表数量维度,对第二代学者而言,与未发生国际流动的学者相比,留学归国的学者年均发表量增加1.104篇,在1‰水平上存在显著正向影响。对第三代学者而言,与未发生国际流动的学者相比,留学归国的学者年均发表量增加0.157篇,不过,经F检验,留学归国对年均发表篇数影响并不显著。两代进行比较发现,从第二代到第三代,学者留学的影响系数减小,影响从显著变为不显著,说明留学对年均发表篇数的促进作用逐渐消失。关于双重流动,对第二代学者而言,与未发生国际流动的学者相比,双重流动的学者年均发表量增加4.672篇,在1‰水平上存在显著正向影响。对第三代学者而言,与未发生国际流动的学者相比,双重流动的学者年均发表量减少0.399篇,经F检验,双重流动对年均发表篇数影响不再显著,说明双重流动对年均发表篇数的促进作用已经消失。关于未发生国际流动的学者,第二代与第三代的年均发表篇数没有发生显著变化。

简言之,在计算机学科的国际发表数量上,通过第三代与第二代进行比较发现,留学归国与双重流动学者的优势正在或已经消失;两代未发生国际流动的学者在国际发表数量上未发生显著变化。

(三)物理学

在国际论文发表数量维度,对第二代学者而言,与未发生国际流动的学者相比,留学归国的学者年均发表量减少1.466篇,存在显著影响。对第三代学者而言,与未发生国际流动的学者相比,留学归国的学者年均发表量减少0.738篇,不过,经F检验,留学归国对年均发表篇数影响并不显著。两代进行比较发现,从第二代到第三代,学者留学的影响系数均为负,影响从显著变为不显著,说明留学对年均发表篇数始终不存在促进作用。通过"留学归国*新生代"对应的P值可以判断,两代留学归国的学者在年均发表篇数上也不存在显著差异。双重流动始终对学者年均发表篇数不存在显著影响。关于访学,数据显示第二代学者的访学流动对年均发表篇数的影响系数为负,但不存在显著影响;而第三代访学流动的影响系数为正,通过F检验,第三代学者的访学流动对年均发表篇数存在显著促进作用。通过"出国访学＊第三代"对应的P值可以判断,第三代海外访学学者在篇均被引次数上显著高于第二代海外访学学者。关于未发生国际流动的学者,第二代与第三代的年均发表篇数没有发生显著变化。

简言之,在物理学的国际发表数量上,通过第三代与第二代进行比较发现,留学对发表数量始终不存在促进作用;但第三代访学流动对发表数量存在显著促进作用,第三代访学流动的学者在国际发表数量上较第二代有显著增加。

二、不同流动世代对国际发表质量的影响变化

(一) 经济学

在国际论文发表质量维度,对第二代学者而言,与未发生国际流动的学者相比,留学归国的学者篇均被引次数增加 34.026 次,在 1‰ 水平上存在显著正向影响。对第三代学者而言,与未发生国际流动的学者相比,留学归国的学者篇均被引次数减少 0.142 次,不过,经 F 检验,留学归国对篇均被引次数影响并不显著。两代进行比较发现,从第二代到第三代,学者留学的影响系数从正变为负,影响从显著变为不显著,说明留学对篇均被引次数的促进作用逐渐消失。通过"留学归国＊新生代"对应的 P 值可以判断,两代留学归国的学者在篇均被引次数上存在显著差异,即第三代留学归国的学者在篇均被引次数上显著低于第二代留学归国的学者。双重流动对学者篇均被引次数的影响与留学基本相似。关于访学,数据显示第二代学者的访学流动对篇均被引次数不存在显著影响;通过 F 检验,第三代学者的访学流动对篇均被引次数也不存在显著影响;第二代访学流动的影响系数为正,第三代访学流动的影响系数为负,但也不存在显著差异。关于未发生国际流动的学者,与第二代未发生国际流动的学者相比,第三代篇均被引次数增加 20.472 次,且存在显著差异。

简言之,在经济学的国际发表质量上,通过第三代与第二代进行比较发现,留学归国与双重流动学者的优势逐渐消失;访学流动对两代学者的发表质量不存在显著影响;而第三代未发生国际流动的学者在国际发表质量上较第二代有显著提高。

(二) 计算机学科

在国际论文发表质量维度,对第二代学者而言,与未发生国际流动的学者相比,留学归国的学者篇均被引次数增加 17.326 次,在 1% 水平上存在显著正向影响。对第三代学者而言,与未发生国际流动的学者相比,留学归国的学者篇均被引次数减少 0.142 次,不过,经 F 检验,留学归国对篇均被引次数影响并不显著。两代进行比较发现,从第二代到第三代,学者留学的影响系数从正变为负,影响从显著变为不显著,说明留学对篇均被引次数的促进作用逐渐消失。通过"留学归国 * 新生代"对应的 P 值可以判断,两代留学归国的学者在篇均被引次数上存在显著差异,即第三代留学归国的学者在篇均被引次数上显著低于第二代留学归国的学者。双重流动始终对学者篇均被引次数不存在显著影响。关于访学,第二代未对篇均被引次数产生显著影响;但第二代访学流动的影响系数为负,第三代访学流动的影响系数为正,通过"出国访学 * 第三代"对应的 P 值可以判断,两代学者访学流动的影响存在显著差异,即第三代海外访学学者的篇均被引次数显著高于第二代海外访学学者。对第三代学者而言,与未发生国际流动的学者相比,海外访学学者的篇均被引次数增加 12.088 次,经 F 检验,海外访学对篇均被引次数存在显著正向影响。关于未发生国际流动的学者,第二代与第三代的年均发表篇数没有发生显著变化。

简言之,在计算机学科的国际发表质量上,通过第三代与第二代进行比较发现,留学归国学者的优势逐渐消失;海外访学的优势逐渐显现;而第三代未发生国际流动的学者在国际发表质量上较第二代有显著提高。

(三) 物理学

在国际论文发表质量维度,对第二代学者而言,与未发生国际流动的学者相比,留学归国的学者篇均被引次数增加 42.261 次,在 1% 水平上存在显著正向影响。对第三代学者而言,与未发生国际流动的学者相比,留学归国的学者篇均被引次数减少 5.124 次,不过,经 F 检验,留学归国对篇均被引次数影响并不显著。两代进行比较发现,从第二代到第三代,学者留学的影响系数从正变为负,影响从显著变为不显著,说明留学对篇均被引次数的促进作用逐渐消失。通过"留学归国 * 新生代"对应的 P 值可以判断,两代留学归国的学者在篇均被引次数上存在显著差异,即第三代留学归国的学者在篇均被引次数上显著低于第二代留学归国的学者。关于访学,数据显示第二代学者的访学流动对篇均被引次数不存在显著影响;通过 F 检验,第三代学者的访学流动对篇均被引次数也不存在显著影响;第二代访学流动的影响系数为正,第三代访学流动的影响系数为负,但也不存在显著差异。关于未发生国际流动的学者,与第二代未发生国际流动的学者相比,第三代篇均被引次数增加 20.472 次,且存在显著差异。

简言之,在物理学的国际发表质量上,通过第三代与第二代进行比较发现,留学归国学者的优势逐渐消失;两代访学流动、双重流动对两代学者的发表质量均不存在显著促进作用;两代未发生国际流动的学者在国际发表质量上也不存在显著差异。

三、不同流动世代对国际发表贡献的影响变化

(一) 经济学

在国际发表贡献维度,对第二代学者而言,与未发生国际流动的学者相比,留学归国学者的主导论文占比增加 50.5%,在 1% 水平上存在显著正向影响。对第三代学者而言,与未发生国际流动的学者相比,留学归国学者的主导论文占比增加 25.8%,不过,经 F 检验,留学归国对主导论文占比的影响并不显著。两代进行比较发现,从第二代到第三代,学者留学的影响从显著变为不显著,说明留学对主导论文占比的促进作用逐渐消失。通过"留学归国 * 新生代"对应的 P 值可以判断,两代留学归国的学者在主导论文占比上不存在显著差异。双重流动对学者主导论文占比的影响与留学基本相似。关于访学,数据显示第二代学者的访学流动

对主导论文占比不存在显著影响;通过 F 检验,第三代学者的访学流动对主导论文占比也不存在显著影响。通过"出国访学 * 第三代"对应的 P 值可以判断,两代学者访学流动的影响不存在显著差异。关于未发生国际流动的学者,两代学者不存在显著差异。

简言之,在经济学的国际发表贡献上,通过第三代与第二代进行比较发现,留学归国与双重流动学者的优势逐渐消失。

(二) 计算机学科

在国际论文发表贡献维度,对第二代学者而言,不论留学、访学还是双重流动,均未对主导论文占比产生显著影响。不过,两代进行比较发现,通过"出国访学 * 第三代"对应的 P 值可以判断,两代学者访学流动的影响存在显著差异,即第三代海外访学学者的主导论文占比显著高于第二代海外访学学者。对第三代学者而言,与未发生国际流动的学者相比,海外访学学者的主导论文占比增加 20%,经 F 检验,海外访学对主导论文占比存在显著正向影响。关于未发生国际流动的学者,第三代学者的主导论文占比显著低于第二代学者,存在显著差异。

简言之,在计算机学科的国际发表贡献上,通过第三代与第二代进行比较发现,留学归国与双重流动学者不存在显著优势,海外访学的优势逐渐显现。

(三) 物理学

在国际论文发表贡献维度,对第二代学者而言,与未发生国际流动的学者相比,海外访学学者主导论文占比增加 8.4%,存在显著影响。对第三代学者而言,与未发生国际流动的学者相比,海外访学学者主导论文占比增加 0.8%,经 F 检验,影响不显著。两代进行比较发现,从第二代到第三代,海外访学的影响从显著变为不显著,说明访学对主导论文占比的促进作用逐渐消失。通过"出国访学 * 第三代"对应的 P 值可以判断,两代海外访学的学者在主导论文占比上不存在显著差异。留学与双重流动对学者主导论文占比均不存在显著促进作用;两代未发生国际流动的学者在国际发表贡献上也不存在显著差异。

表5-2 不同流动世代对国际发表数量、质量与贡献的影响

	经济学			计算机学科			物理学		
	数量	质量	贡献	数量	质量	贡献	数量	质量	贡献
留学归国	0.971***	34.026***	0.505***	1.104**	17.326***	−0.006	−1.466**	42.261***	0.011
	(0.152)	(4.592)	(0.126)	(0.537)	(3.476)	(0.068)	(0.584)	(14.875)	(0.036)
出国访学	0.200	6.797	0.181	0.107	−0.070	−0.027	−0.204	−3.458	0.084*
	(0.140)	(4.220)	(0.116)	(0.589)	(3.813)	(0.075)	(0.722)	(18.379)	(0.045)
双重流动	0.784***	19.959***	0.380**	4.672***	2.394	−0.196	−1.194	6.819	0.057
	(0.181)	(5.387)	(0.151)	(1.134)	(7.342)	(0.148)	(1.130)	(28.769)	(0.071)
留学归国*第三代	−1.145***	−34.168***	−0.247	−0.947	−13.481***	0.053	0.728	−37.137*	0.042
	(0.270)	(8.073)	(0.233)	(0.734)	(4.752)	(0.094)	(0.807)	(20.533)	(0.050)
出国访学*第三代	−0.650*	−13.958	−0.087	0.396	12.158*	0.227*	2.473**	−12.313	−0.076
	(0.362)	(10.847)	(0.315)	(1.085)	(7.021)	(0.137)	(1.243)	(31.652)	(0.077)
双重流动*第三代	−0.981***	−21.874**	−0.314	−5.071***	−0.010	0.260	−1.847	−25.847	0.001
	(0.367)	(10.880)	(0.313)	(1.740)	(11.261)	(0.222)	(3.239)	(82.455)	(0.201)

续 表

	经济学			计算机学科			物理学		
	数量	质量	贡献	数量	质量	贡献	数量	质量	贡献
第三代	1.243***	20.472***	0.065	−0.032	1.964	−0.139*	−0.398	−21.427	0.037
	(0.261)	(7.857)	(0.223)	(0.590)	(3.827)	(0.075)	(0.764)	(19.461)	(0.048)
女性	−0.078	3.291	−0.138*	−0.670*	0.726	0.040	−1.128**	10.272	0.011
	(0.091)	(2.702)	(0.077)	(0.402)	(2.598)	(0.051)	(0.495)	(12.598)	(0.031)
学术年龄	0.019	−0.043	0.031**	0.107*	−0.122	0.011	0.096	3.704**	−0.007
	(0.017)	(0.517)	(0.015)	(0.061)	(0.394)	(0.008)	(0.069)	(1.760)	(0.004)
高级	0.950***	16.883***	0.406***	1.464**	3.138	−0.131*	1.409**	16.183	0.089**
	(0.162)	(4.752)	(0.134)	(0.582)	(3.770)	(0.074)	(0.588)	(14.967)	(0.037)
副高级	0.599***	8.546**	0.286***	0.303	4.002	−0.115*	−0.627	−5.719	0.016
	(0.126)	(3.722)	(0.105)	(0.506)	(3.281)	(0.064)	(0.611)	(15.552)	(0.038)
常数项	−39.870	63.830	−63.208**	−214.092*	251.364	−22.124	−187.578	−7 398.935**	13.489
	(34.858)	(1 035.415)	(29.435)	(121.967)	(789.421)	(15.645)	(138.584)	(3 527.955)	(8.611)
Sigma/lnalpha_cons	0.608***	17.702***	0.511***	2.211***	14.309***	0.277***	3.003***	76.442***	0.186***
	(0.032)	(0.959)	(0.030)	(0.106)	(0.688)	(0.015)	(0.128)	(3.255)	(0.008)

注：括号内为标准误；* $p<0.1$，** $p<0.05$，*** $p<0.01$。

简言之，在物理学的国际发表贡献上，通过第三代与第二代进行比较发现，留学归国与双重流动学者始终不存在优势；海外访学的促进作用在第三代学者身上消失。

四、不同流动世代对国际合作发表的影响变化

（一）经济学

在国际合作发表维度，对第二代学者而言，与未发生国际流动的学者相比，留学归国的学者与亚太地区的合作发表量增加 4.431 篇，与北美地区的合作发表量增加 12.124 篇，与欧洲地区的合作发表量增加 2.948 篇，均存在显著影响。对第三代学者而言，与未发生国际流动的学者相比，留学归国的学者与亚太地区的合作发表量减少 2.889 篇，经 F 检验，影响显著；与北美地区的合作发表量增加 0.991 篇，与欧洲地区的合作发表量增加 2.222 篇，经 F 检验，影响均不再显著。双重流动对国际合作发表量的影响与留学基本相似，第二代学者通过双重流动对北美地区、欧洲地区合作发表产生正向促进作用，在第三代学者身上这种正向影响均有所减少且不再显著。关于未发生国际流动的学者，与第二代未发生国际流动的学者相比，第三代与亚太地区的合作发表量增加 6.976 篇，与北美地区的合作发表量增加 9.093 篇，均存在显著差异。

简言之，在经济学的国际合作发表上，通过第三代与第二代进行比较发现，留学归国与双重流动学者的优势逐渐消失；而第三代未发生国际流动的学者在与亚太和北美地区的合作发表上较第二代有显著增加。

（二）计算机学科

在国际合作发表维度，对第二代学者而言，与未发生国际流动的学者相比，留学归国的学者与亚太地区的合作发表量增加 14.252 篇，与北美地区的合作发表量增加 7.693 篇，与欧洲地区的合作发表量增加 3.036 篇，均存在显著影响。对第三代学者而言，与未发生国际流动的学者相比，留学归国的学者

与亚太地区的合作发表量增加 6.83 篇,经 F 检验,影响显著;与北美地区的合作发表量增加 1.101 篇,与欧洲地区的合作发表量增加 0.252 篇,经 F 检验,影响均不再显著。双重流动对国际合作发表的影响与留学基本相似,第二代学者通过双重流动对亚太地区、北美地区、欧洲地区合作发表产生了正向促进作用,在第三代学者身上这种正向影响均有所减少且不再显著。关于访学,对第二代学者而言,与未发生国际流动的学者相比,访学流动对不同地区的合作发表量均不存在显著正向影响。对第三代学者而言,与未发生国际流动的学者相比,海外访学学者与亚太地区的合作发表量增加 10.206 篇,经 F 检验,影响显著。通过"出国访学 * 第三代"对应的 P 值可以判断,两代海外访学学者在与亚太地区的合作发表上存在显著差异,第三代海外访学学者显著高于第二代海外访学学者。

简言之,在计算机学科的国际合作发表上,通过第三代与第二代进行比较发现,留学归国与双重流动学者的优势逐渐消失;而第三代海外访学学者与亚太地区的合作发表较第二代有显著增加。

(三) 物理学

在国际合作发表维度,对第二代学者而言,与未发生国际流动的学者相比,留学归国的学者与欧洲地区的合作发表量减少 6.907 篇,存在显著影响。对第三代学者而言,与未发生国际流动的学者相比,留学归国的学者与北美地区的合作发表量增加 7.275 篇,经 F 检验,影响显著。两代进行比较发现,从第二代到第三代,留学对与北美地区合作发表的正向影响系数变大,影响从不显著变为显著,留学对与欧洲地区合作发表的负向影响系数变小,影响从显著变为不显著。

简言之,在物理学的国际合作发表上,通过第三代与第二代进行比较发现,留学归国对与北美地区的合作发表的优势逐渐显现;而留学归国对与欧洲地区的合作发表的劣势逐渐消失。

表 5-3　不同流动世代对国际合作发表的影响

	经济学			计算机学科			物理学		
	亚太合作	北美合作	欧洲合作	亚太合作	北美合作	欧洲合作	亚太合作	北美合作	欧洲合作
留学归国	4.431***	12.124***	2.948**	14.252***	7.693***	3.036***	1.063	3.220	−6.907**
	(1.234)	(1.754)	(1.246)	(3.040)	(2.138)	(1.102)	(2.784)	(4.095)	(3.006)
出国访学	1.597	2.589	1.055	−2.194	1.811	1.281	−1.028	0.237	−0.969
	(1.156)	(1.660)	(1.166)	(3.598)	(2.389)	(1.258)	(3.495)	(5.096)	(3.739)
双重流动	2.408	7.391***	5.194***	14.588**	10.798**	4.281*	2.816	4.053	−2.599
	(1.462)	(2.018)	(1.346)	(6.316)	(4.425)	(2.208)	(5.428)	(7.948)	(5.704)
留学归国*第三代	−7.320***	−11.133***	−0.726	−7.422*	−6.592**	−2.784*	−3.958	4.055	4.296
	(2.020)	(2.892)	(2.325)	(4.253)	(2.937)	(1.624)	(3.847)	(5.656)	(4.142)
出国访学*第三代	−5.950**	−4.729	−17.314	12.400**	−0.349	0.196	−3.662	0.798	1.665
	(2.987)	(4.028)	(0.000)	(6.216)	(4.304)	(2.417)	(6.015)	(8.657)	(6.326)
双重流动*第三代	−4.035	−6.028	−1.773	−6.286	−9.332	−2.511	−11.840	−21.616	−10.455
	(2.663)	(3.883)	(2.762)	(9.535)	(6.780)	(3.525)	(15.150)	(22.395)	(16.302)

续表

	经济学			计算机学科			物理学		
	亚太合作	北美合作	欧洲合作	亚太合作	北美合作	欧洲合作	亚太合作	北美合作	欧洲合作
第三代	6.976***	9.093***	2.503	5.201	3.422	−1.031	2.700	0.406	−2.336
	(1.971)	(2.857)	(2.292)	(3.579)	(2.426)	(1.361)	(3.656)	(5.398)	(3.912)
女性	−0.266	0.110	0.510	−5.907**	−2.714	−1.829*	−4.940**	−5.596	−6.033**
	(0.724)	(0.965)	(0.664)	(2.498)	(1.682)	(0.945)	(2.406)	(3.525)	(2.580)
学术年龄	0.046	−0.162	−0.152	−0.920**	−0.179	−0.057	−0.375	−0.132	0.027
	(0.135)	(0.187)	(0.128)	(0.361)	(0.248)	(0.133)	(0.332)	(0.486)	(0.355)
高级	5.660***	6.302***	2.801**	4.062	3.858	0.586	6.208**	9.411**	4.035
	(1.333)	(1.748)	(1.168)	(3.395)	(2.346)	(1.316)	(2.862)	(4.128)	(3.013)
副高级	2.699**	3.260**	0.672	−2.483	−0.939	−0.515	−1.117	−6.614	−4.392
	(1.049)	(1.353)	(0.954)	(3.033)	(2.043)	(1.178)	(2.981)	(4.320)	(3.153)
常数项	−100.032	314.159	297.100	1841.561**	359.901	113.944	756.918	278.031	−41.622
	(270.944)	(375.307)	(256.352)	(723.016)	(497.344)	(267.466)	(664.538)	(975.028)	(711.400)
Sigma/lnalpha_cons	3.916***	5.836***	3.325***	11.840***	8.582***	4.246***	13.986***	20.702***	15.100***
	(0.348)	(0.388)	(0.363)	(0.771)	(0.498)	(0.333)	(0.677)	(0.965)	(0.713)

注：括号内为标准误；* $p<0.1$，** $p<0.05$，*** $p<0.01$。

第四节 空间维度下国际学术流动对知识生产的影响变化

一、不同流动地域对国际发表数量的影响变化

（一）经济学

在国际论文发表数量维度，对第二代学者而言，与未发生国际流动的学者相比，北美海归学者年均发表量增加 1.02 篇，在 1‰ 水平上存在显著正向影响。对第三代学者而言，与未发生国际流动的学者相比，北美海归学者年均发表量增加 0.032 篇，不过，经 F 检验，留学归国对年均发表篇数影响并不显著。两代进行比较发现，从第二代到第三代，北美留学的影响系数变小，影响从显著变为不显著，说明北美留学对年均发表篇数的促进作用逐渐消失。通过"北美地区 * 第三代"对应的 P 值可以判断，两代北美海归学者在年均发表篇数上存在显著差异，即第三代北美海归学者在年均发表篇数上显著低于第二代北美海归学者。关于未发生国际流动的学者，与第二代未发生国际流动的学者相比，第三代年均发表篇数增加 0.999 篇，且存在显著差异。

简言之，在经济学的国际发表数量上，通过第三代与第二代进行比较发现，北美海归学者的优势逐渐消失；而第三代未流动的学者在国际发表数量上较第二代有显著增加。

（二）计算机学科

在国际论文发表数量维度，对第二代学者而言，与未发生国际流动的学者相比，亚太海归学者年均发表量增加 1.613 篇，北美海归学者年均发表增加 1.954 篇，均存在显著影响。对第三代学者而言，与未发生国际流动的学者相比，亚太海归学者年均发表量减少 0.6 篇，北美海归学者年均发表量增加 0.292 篇，经 F 检验，影响并不显著。两代进行比较发现，从第二代到第三代，亚太留学的影响系数

变小,北美留学的影响系数由正变为负,影响均从显著变为不显著,说明留学对年均发表篇数的促进作用逐渐消失。通过"亚太地区＊第三代"对应的 P 值可以判断,两代亚太海归学者在年均发表篇数上存在显著差异,即第三代亚太海归学者在年均发表篇数上显著低于第二代亚太海归学者。

简言之,在计算机学科的国际发表数量上,通过第三代与第二代进行比较发现,亚太、北美海归学者的优势逐渐消失;第三代亚太海归学者在国际发表数量上较第二代有显著减少。

(三)物理学

在国际论文发表数量维度,对第二代学者而言,与未发生国际流动的学者相比,北美海归学者年均发表量减少 1.766 篇,欧洲海归学者年均发表量减少 2.224 篇,存在显著影响。对第三代学者而言,与未发生国际流动的学者相比,亚太海归学者年均发表量减少 2.727 篇,北美海归学者年均发表量减少 0.595 篇,欧洲海归学者年均发表量减少 1.951 篇。经 F 检验,其中亚太和欧洲留学归国对年均发表篇数影响显著。两代进行比较发现,从第二代到第三代,北美留学的负向影响从显著变为不显著,欧洲留学的负向影响虽然仍然显著,但影响系数变小,说明北美和欧洲留学对年均发表篇数的消极作用逐渐减少。而亚太留学对年均发表篇数的影响系数从正向不显著,变为负向显著,说明亚太留学对年均发表篇数的负向影响在逐渐增强。另外,通过"亚太地区＊第三代"对应的 P 值可以判断,第三代亚太海归学者在年均发表篇数上显著低于第二代亚太海归学者。

简言之,在物理学的国际发表数量上,通过第三代与第二代进行比较发现,北美与欧洲海归学者的劣势在减弱;而亚太海归学者的劣势在增强,第三代亚太海归学者在国际发表数量上较第二代有显著减少。

二、不同流动地域对国际发表质量的影响变化

(一)经济学

在国际论文发表质量维度,对第二代学者而言,与未发生国际流动的学者相

比,亚太海归学者篇均被引次数增加 26.186 次,北美海归学者篇均被引次数增加 32.83 次,欧洲海归学者篇均被引次数增加 25.849 次,均在 1% 水平上存在显著影响。对第三代学者而言,与未发生国际流动的学者相比,亚太海归学者篇均被引次数增加 5.944 次,北美海归学者篇均被引次数增加 5.318 次,欧洲海归学者篇均被引次数增加 4.974 次,但经 F 检验,均不存在显著影响。两代进行比较发现,从第二代到第三代,通过"亚太地区 * 第三代""北美地区 * 第三代""欧洲地区 * 第三代"对应的 P 值可以判断,不论在亚太、北美还是欧洲地区留学,两代海归学者在篇均被引次数上均存在显著差异,即第三代海归学者在篇均被引次数上显著低于第二代海归学者。另外,所有影响都从显著变为不显著,其中北美留学的影响系数减少得最多,说明北美留学对篇均被引次数的促进作用减少得最快。关于未发生国际流动的学者,与第二代未发生国际流动的学者相比,第三代篇均被引次数增加 15.302 次,且存在显著差异。

简言之,在经济学的国际发表质量上,通过第三代与第二代进行比较发现,北美、欧洲与亚太海归学者的优势均在减少,其中北美海归学者的优势消失得最快;而第三代未发生国际流动的学者在国际发表质量上较第二代有显著提高。

(二)计算机学科

在国际论文发表质量维度,对第二代学者而言,与未发生国际流动的学者相比,北美海归学者篇均被引次数增加 30.292 次,欧洲海归学者篇均被引次数增加 25.115 次,均在 1% 水平上存在显著影响。对第三代学者而言,与未发生国际流动的学者相比,北美海归学者篇均被引次数减少 0.013 次,欧洲海归学者篇均被引次数增加 11.673 次,但经 F 检验,均不存在显著影响。两代进行比较发现,从第二代到第三代,通过"北美地区 * 第三代""欧洲地区 * 第三代"对应的 P 值可以判断,不论在北美还是欧洲地区留学,两代海归学者在篇均被引次数上均不存在显著差异。北美留学的影响系数从正变为负,欧洲留学的影响系数变小,而且均从显著变为不显著,说明北美与欧洲留学对篇均被引次数的促进作用逐渐消失。

简言之,在计算机学科的国际发表质量上,通过第三代与第二代进行比较发现,北美与欧洲海归学者的优势逐渐消失。

(三) 物理学

在国际论文发表质量维度,对第二代学者而言,与未发生国际流动的学者相比,北美海归学者篇均被引次数增加 70.788 次,在 1% 水平上存在显著影响。对第三代学者而言,与未发生国际流动的学者相比,北美海归学者篇均被引次数增加 9.177 次,但经 F 检验,不存在显著影响。两代进行比较发现,从第二代到第三代,北美留学的影响系数变小,影响从显著变为不显著,说明北美留学对篇均被引次数的促进作用逐渐消失。通过"北美地区 * 第三代"对应的 P 值可以判断,两代北美海归学者在篇均被引次数上存在显著差异,即第三代北美海归学者在篇均被引次数上显著低于第二代北美海归学者。

简言之,在物理学的国际发表质量上,通过第三代与第二代进行比较发现,北美海归学者的优势逐渐消失;第三代北美海归学者在国际发表质量上较第二代有显著降低。

三、不同流动地域对国际发表贡献的影响变化

(一) 经济学

在国际论文发表贡献维度,对第二代学者而言,与未发生国际流动的学者相比,不论在亚太、北美还是欧洲地区留学,海归学者主导论文占比均增加 50% 以上,在 1% 水平上存在显著差异。对第三代学者而言,与未发生国际流动的学者相比,亚太、北美及欧洲地区的海归学者主导论文占比分别增加 42.4%、28.5%、15.4%,经 F 检验,亚太与北美留学的影响仍然显著,欧洲留学的影响不再显著。从第二代到第三代,亚太、北美及欧洲地区留学的影响系数变小,说明对主导论文占比的促进作用逐渐减少。但亚太和北美留学的影响仍然显著,说明这种减少比

较微弱;欧洲留学的影响从显著变为不显著,说明其对主导论文占比的促进作用明显减少。关于未发生国际流动的学者,两代学者的主导论文占比不存在显著差异。

简言之,在经济学的国际发表贡献上,通过第三代与第二代进行比较发现,亚太和北美海归学者的优势有相对微弱的减少;而欧洲海归学者的优势明显减少。

(二) 计算机学科

在国际论文发表贡献维度,对第二代学者而言,与未发生国际流动的学者相比,不论在亚太、北美还是欧洲地区留学,留学经历对学者主导论文占比均不存在显著促进作用。对第三代学者而言,与未发生国际流动的学者相比,亚太地区的海归学者主导论文占比增加 16.8%,经 F 检验,影响显著。两代进行比较发现,从第二代到第三代,亚太地区留学的影响系数变大,影响从不显著变为显著,说明亚太地区留学对学者主导论文占比的促进作用逐渐增强。

简言之,在计算机学科的国际发表贡献上,通过第三代与第二代进行比较发现,亚太海归学者的优势逐渐显现。

(三) 物理学

在国际论文发表贡献维度,对第二代学者而言,与未发生国际流动的学者相比,欧洲地区留学的海归学者主导论文占比减少 13.4%,影响显著。对第三代学者而言,与未发生国际流动的学者相比,北美海归学者主导论文占比增加 9.1%,经 F 检验,北美留学的影响显著。两代进行比较发现,从第二代到第三代,欧洲地区留学的显著负向影响不再显著,北美留学的正向影响从不显著变为显著。

简言之,在物理学的国际发表贡献上,通过第三代与第二代进行比较发现,北美海归学者的优势逐渐显现;欧洲海归学者的劣势有所减少。

表 5-4 不同留学地域对国际发表数量、质量与贡献的影响

	经济学			计算机学科			物理学		
	数量	质量	贡献	数量	质量	贡献	数量	质量	贡献
亚太地区	0.347 (0.244)	26.186*** (7.381)	0.520** (0.208)	1.613** (0.685)	5.224 (4.285)	0.015 (0.087)	1.010 (0.970)	−1.183 (24.565)	0.072 (0.060)
北美地区	1.020*** (0.146)	32.830*** (4.527)	0.501*** (0.125)	1.954** (0.825)	30.292*** (5.163)	−0.103 (0.104)	−1.766*** (0.678)	70.788*** (17.165)	0.026 (0.042)
欧洲地区	0.316 (0.288)	25.849*** (8.647)	0.508** (0.245)	−0.716 (1.093)	25.115*** (6.838)	0.150 (0.136)	−2.224** (1.032)	6.111 (26.145)	−0.134** (0.066)
亚太地区*第三代	−0.074 (0.351)	−20.242* (10.603)	−0.096 (0.304)	−2.213** (0.884)	−1.858 (5.535)	0.153 (0.112)	−3.737** (1.681)	1.120 (42.574)	−0.050 (0.105)
北美地区*第三代	−0.988*** (0.214)	−27.512*** (6.578)	−0.216 (0.188)	−1.662 (1.061)	−30.305*** (6.644)	−0.018 (0.136)	1.171 (0.879)	−61.611*** (22.263)	0.065 (0.054)
欧洲地区*第三代	−0.380 (0.372)	−20.875* (11.285)	−0.354 (0.325)	1.134 (1.587)	−13.443 (9.935)	−0.162 (0.200)	0.273 (1.391)	−7.405 (35.241)	0.098 (0.087)
第三代	0.999*** (0.212)	15.302** (6.589)	0.031 (0.184)	−0.049 (0.581)	4.239 (3.638)	−0.118 (0.073)	−0.421 (0.750)	−14.071 (18.999)	0.025 (0.046)

续 表

	经济学			计算机学科			物理学		
	数量	质量	贡献	数量	质量	贡献	数量	质量	贡献
出国访学	0.099 (0.126)	4.742 (3.900)	0.170 (0.108)	0.216 (0.497)	3.441 (3.111)	0.040 (0.062)	0.689 (0.572)	−8.310 (14.485)	0.059* (0.035)
双重流动	−0.004 (0.143)	−9.008** (4.321)	−0.141 (0.123)	2.488*** (0.952)	−8.050 (5.960)	−0.206* (0.121)	0.187 (1.075)	−36.363 (27.244)	0.050 (0.067)
女性	−0.078 (0.089)	2.719 (2.698)	−0.129* (0.076)	−0.625 (0.403)	0.006 (2.520)	0.052 (0.051)	−1.347*** (0.486)	10.161 (12.313)	0.010 (0.030)
学术年龄	0.016 (0.017)	−0.082 (0.520)	0.030** (0.015)	0.118* (0.060)	−0.143 (0.377)	0.013* (0.008)	0.155** (0.069)	2.477 (1.754)	−0.007* (0.004)
高级	0.974*** (0.159)	18.132*** (4.820)	0.383*** (0.134)	1.503** (0.580)	4.385 (3.632)	−0.120 (0.073)	1.463** (0.599)	10.007 (15.180)	0.080** (0.037)
副高级	0.573*** (0.124)	9.351** (3.768)	0.264** (0.105)	0.338 (0.504)	3.977 (3.162)	−0.096 (0.064)	−0.489 (0.612)	−8.345 (15.499)	0.017 (0.038)
常数项	−32.268 (34.026)	142.994 (1 041.927)	−59.711** (29.361)	−235.136* (120.889)	291.571 (756.588)	−25.502*** (15.345)	−306.263** (138.770)	−4936.135 (3 515.584)	14.451* (8.593)
Sigma/lnalpha_cons	0.593*** (0.031)	17.810*** (0.965)	0.510*** (0.030)	2.208*** (0.106)	13.817*** (0.665)	0.274*** (0.015)	2.965*** (0.126)	75.101*** (3.198)	0.183*** (0.008)

注:括号内为标准误;* $p<0.1$,** $p<0.05$,*** $p<0.01$。

第五节 "双一流"建设面临的机遇与挑战

全球科学体系是一个在分层机制与能动机制共同作用下的双重结构体系。本章节基于我国最顶尖的四所"双一流"建设高校的学术人才国际流动与发表数据,从时间和空间视角考察了打破核心-外围结构是否可能以及如何可能。通过数据分析发现,尽管不同学科在知识生产的具体方面的变化规律有所不同,但仍然呈现出两大共同趋势:一是从时间维度看,与第二代比较,第三代留学归国和双重流动的学者在国际发表方面的优势逐渐消失,这一点在经济学和计算机学科表现尤为明显;二是在不同世代的基础上加入不同流动地域因素,即从空间维度看,北美留学归国的学者在国际发表方面的优势逐渐消失,经济学表现尤为明显。

这一结果从时间与空间两个维度验证了国际流动以及流动到位于全球科学体系核心位置的国家对我国学者国际发表的影响逐渐减弱这一假设,预示着全球科学体系中的核心-外围层级结构对我国学者知识生产的影响呈减弱趋势;随着全球科学体系开放性的日益增强,中国在全球科学体系中崛起、向核心位置转移的可能性逐渐增大。

尽管全球科学体系的本体开放性与能动性不断增强,但外围、半外围国家仍然面临着国际知识和本土知识、英语和母语、科学的全球规范和当地话语之间的紧张关系[1][2][3][4]。中国的"双一流"建设正是在这一宏观背景与现实中开展的,

---

[1] Chou C P. The SSCI syndrome in Taiwan's academia[J]. Education Policy Analysis Archives, 2014, 22: 1-17.
[2] Hammarfelt B, De Rijcke S. Accountability in context: Effects of research evaluation systems on publication practices, disciplinary norms, and individual working routines in the faculty of arts at Uppsala University[J]. Research Evaluation, 2015, 24(1): 63-77.
[3] Xu X. China "goes out" in a centre-periphery world: Incentivizing international publications in the humanities and social sciences[J]. Higher Education, 2020, 80(1): 157-172.
[4] Shin K Y. Globalization and the national social science in the discourse on the SSCI in South Korea[J]. Korean Social Science Journal, 2007, 1(1): 93-116.

正确认识这一历史进程中存在的机遇与挑战,对中国的"双一流"建设,乃至所有处于全球科学体系外围、半外围的国家政策制定者和大学实践者,都具有一定的启发意义。

一、面临的重重挑战

全球知识结构的不平衡不仅通过资源、制度来维持,更通过思想、价值与规范等更为隐蔽的方式来维持。非核心国家的社会思维很容易被边缘化,成为学习的材料,而不是学习的概念来源[1];非西方的研究人员在思想、理论和方法方面很大程度上依赖于西方的学术[2][3]。在马金森看来,国家的全球等级制度(global hierarchy of nations)由三种因素构成:一是国家高等教育系统之间研究能力的分配,特别是在科学领域。二是英语的全球优势。全球化由英美文化和经济主导,使用英语的大学行使特殊权力,取代其他语言在教育与研究中的使用,甚至取代其他语言所支持的知识传统。三是美国在高等教育中的全球主导地位,类似于电影和电视的单向流动[4]。

阿特巴赫认为一些发达国家,尤其是那些使用英语的国家,往往在学术机构、编辑出版有影响力的刊物以及科学知识生产的各个领域最具权威性。英语在国际学术界的主导地位,领先学者和机构的集中分布,西方国家的国际期刊、数据库和出版商所展示的知识传播手段[5],共同促成了外围国家的

---

[1] Connell R. Southern theory: Social science and the global dynamics of knowledge[M]. Sydney: Allen & Unwin, 2007.
[2] Alatas S F. Academic dependency and the global division of labor in the social sciences[J]. Current Sociology, 2003, 51(6): 599-613.
[3] Li M, Yang R. Enduring hardships in global knowledge asymmetries: A national scenario of China's English-language academic journals in the humanities and social sciences[J]. Higher Education, 2020, 80(1): 237-254.
[4] Marginson S. Dynamics of national and global competition in higher education[J]. Higher Education, 2006, 52(1): 1-39.
[5] Altbach P. Comparative higher education: Knowledge, the university, and development[M]. London: Alex Publishing Corporation, 1998.

结构性劣势①。

(一) 有形的资源压力：基础设施、研究资金及人才

对于外围、半外围国家而言，挑战首先体现在实验室等基础设施建设方面。科学的高额费用对于那些没有悠久的研究传统和必需的基础设施的高等院校而言，是一种巨大压力。如果一所大学想要加入到全球性科学研究当中，参与到国际科学网络中，仅仅建设适用本地或区域研究的基础设施是不够的，而是要拥有更加先进和昂贵的科学设备以及最现代的实验室。②

关于资金，随着研究者和大学争先公布研究成果和有可能获得专利的发现与发明，科学已经变成了一项"利益攸关"、竞争激烈的国际赛事。那些希望以研究为导向的大学要想进入国际前沿，在世界范围内参与竞争，并在竞争中保持领先地位，需要大量资金。③ 虽然2016年中国的科研论文总量超过了美国，但2018年中国在高等教育中研发投入的总量达到410.7亿美元，美国在高等教育中研发投入742.2亿美元，美国经费总投入几近中国的两倍④。压倒性的资源优势本身并不能代表什么，但却是许多事情的先决条件。

关于人才，美国研究型大学多数情况下对全球学术研究人员开放。⑤ 经合组织的数据显示，2020年，经合组织成员国共接收了来自世界各地的440万名留学生，占其高等教育学生总数的10%。其中，最重要的留学生接收国是美国(占留学生总数的22%)、英国(13%)和澳大利亚(10%)。在过去十年中，虽然留学生的目

---

① Li M, Yang R. Enduring hardships in global knowledge asymmetries: A national scenario of China's English-language academic journals in the humanities and social sciences[J]. Higher Education, 2020, 80(1): 237-254.
② Altbach P G. Peripheries and centers: Research universities in developing countries[J]. Asia Pacific Education Review, 2009, 10(1): 15-27.
③ Altbach P G. Peripheries and centers: Research universities in developing countries[J]. Asia Pacific Education Review, 2009, 10(1): 15-27.
④ [英] 西蒙·马金森.生生不息的火焰:全球科学中的中国[J].杨力苈,译.北京大学教育评论,2020,72(4): 6-37,189.
⑤ Marginson S. Global field and global imagining: Bourdieu and worldwide higher education[J]. British Journal of Sociology of Education, 2008, 29(3): 303-315.

的地已经多样化,但主要来源国仍然是中国和印度(分别占留学生总数的22%和10%)[①]。而这些来自新兴经济体国家甚至包括来自英国和德国在内的一些经合组织经济体国家的大多数博士生都有"坚定的计划"——在完成学业后留在美国。相比之下,鲜有美国博士毕业生涌入新兴国家和欠发达国家[②]。

(二) 不对等的权力关系:英语出版、引用与翻译

语言之所以被认为是一个极其重要的问题,语言具有内在的文化属性,往往体现着权力关系。语言能够实现一个单一的文化"氛围(climate)",建立所谓正统(canon)。[③] 这种"象征性暴力"行为掩盖了其所取代的规范以及维持潜在权力关系的事实,从而使某些实践被认为具有天然优越性[④]。英语是世界的第一语言,也是全球唯一的通用研究语言,拉丁语、德语、法语和俄语处于边缘地位。[⑤] 英语已成为知识生产领域的全球性语言。以社会科学为例,在20世纪50年代和60年代,国际社会科学领域的注册出版物有近一半是英文的,到2005年这一比例已经上升到75%以上。所有其他语言的比例均在下降,下降最多的是德语和法语,降至7%左右[⑥][⑦][⑧]。

随着英语使用的不断增加,研究能力和研究成果集中在少数几个核心国家,

---

① Organization for Economic Co-operation and Development. Migration flows bounced back in 2021[R]. Paris: OECD publishing, 2022.
② Marginson S. Dynamics of national and global competition in higher education[J]. Higher Education, 2006, 52(1): 1–39.
③ Gramsci A. Selections from the prison notebooks[M]. New York: International Publishers, 1971.
④ Bourdieu P. The field of cultural production[M]. New York: Columbia University Press, 1993.
⑤ Marginson S. Global field and global imagining: Bourdieu and worldwide higher education[J]. British Journal of Sociology of Education, 2008, 29(3): 303–315.
⑥ Ammon U. The hegemony of English. In World Social Science Report 2010[R]. Paris: UNESCO Publishing, 2010: 154–155.
⑦ De Swaan A. Words of the world[M]. Cambridge: Polity Press, 2001.
⑧ De Swaan A. English in the social sciences. In Ammon U (Ed.) The Dominance of English as a Language of Science: Effects on Other Languages and Language Communities[M]. Berlin: Mouton de Gruyter, 2001.

这种集中主要体现在科学出版物、引用模式和翻译的地理分布[①][②][③]。莫斯巴-娜塔莎和金格拉斯(Sebastein Mosbah-Natanson and Yves Gingras)发现世界各地文章和期刊的总体增长,基本上已经倾向于北美和欧洲占主导地位的地区。其他地区的自治权减少,对占主导地位的核心国家的依赖却增加了。在过去30年间,欧洲的核心地位有所提升,欧洲现在的地位与美国大致相当[④][⑤]。以社会科学为例,北美和欧洲的注册社会科学期刊占世界注册社会科学期刊的四分之三左右。北美产生了社会科学引文索引中约一半的文章,欧洲以近40%的产量位居第二[⑥]。

在高引用率论文发表上,北美是当之无愧的全球领导者,在除数学和计算科学之外的所有学科群中都遥遥领先。按引用率前5%论文的标准,全球45所顶尖大学中有28所来自北美地区(26所来自美国,2所来自加拿大);7所来自欧洲地区(其中4所来自英国,瑞士、丹麦、比利时各1所);9所来自亚太地区(中国4所、澳大利亚3所、新加坡2所)[⑦]。

翻译情况与引文很相似:一个国家或地区的科学成果在世界范围内的核心位置越高,它被翻译和被引用的机会就越大,翻译或引用其他成果的比率就越低[⑧]。如果使用其他语言发表的重要作品能够经常被翻译成英语并在英美期刊上发表,

---

① Heilbron J. The social sciences as an emerging global field[J]. Current Sociology, 2014, 62(5): 685-703.
② Mosbah-Natanson S, Gingras Y. The globalization of social sciences? Evidence from a quantitative analysis of 30 years of production, collaboration and citations in the social sciences (1980-2009)[J]. Current Sociology, 2014, 62(5): 626-646.
③ Schott T. Ties between center and periphery in the scientific world-system: accumulation of rewards, dominance and self-reliance in the center[J]. Journal of World-Systems Research, 1998, 4(2): 112-144.
④ Gingras Y, Mosbah-Natanson S. Where are social sciences produced? In World Social Science Report 2010[R]. Paris: UNESCO Publishing, 2010: 149-153.
⑤ Heilbron J. The social sciences as an emerging global field[J]. Current Sociology, 2014, 62(5): 685-703.
⑥ Heilbron J. The social sciences as an emerging global field[J]. Current Sociology, 2014, 62(5): 685-703.
⑦ [英]西蒙·马金森,文雯.大学科研的全球扩张[J].教育研究,2019,4(9): 95-109.
⑧ Heilbron J. The social sciences as an emerging global field[J]. Current Sociology, 2014, 62(5): 685-703.

那么英语和英美期刊的霸权地位也不会成为问题。但是,翻译和期刊出版的本质有所不同:翻译倾向于复制,而不是改变核心-外围结构。被翻译的英文图书要远远多于翻译成英语的图书。全世界约60%的译著是从英文图书翻译过来的,而英美两国从其他语言翻译过来的图书仅占两国图书产量的2%—3%,均是世界上翻译率最低的国家之一[1][2]。

（三）结构化的规则制定:对科学的定义及其方法论

21世纪的科学是全球化的科学。科学期刊在全球发行,世界各地同一研究领域的学术人员向相同的期刊供稿。通过互联网技术,研究成果很快为全世界所知晓;与此同时,研究方法论和科学规范在全球范围内得到了前所未有的推广。科学全球化意味着研究参与者认同或接受美国和其他核心国家顶尖大学研究者建立的学科与学术规范。那些居于科学引领地位的科学家和大学所感兴趣的主题和问题可能与学术外围国家的研究者并不相关,但参与世界科学界意味着遵守业已建立的研究范式和主题。[3]

西方编辑和同行评审既是提供重要反馈的促进者[4],又是确定研究成果可发布性的守门人[5][6][7]。外围国家的学术质量根据处于核心位置的国家设定的标准

---

[1] Heilbron J. Toward a sociology of translation: Book translations as a cultural world-system[J]. European Journal of Social Theory, 1999, 2(4): 429-444.
[2] Heilbron J, Sapiro G. Outline for a sociology of translation: Current issues and future prospects. In M Wolf and A Fukari (Eds.) Constructing a Sociology of Translation. Amsterdam: John Benjamins, 2007: 93-107.
[3] Altbach P G. Peripheries and centers: Research universities in developing countries[J]. Asia Pacific Education Review, 2009, 10(1): 15-27.
[4] Belcher D D. Seeking acceptance in an English-only research world[J]. Journal of Second Language Writing, 2007, 16(1): 1-22.
[5] Altbach P G. Peripheries and centers: Research universities in developing countries[J]. Asia Pacific Education Review, 2009, 10(1): 15-27.
[6] Aydinli E, Mathews J. Are the core and periphery irreconcilable? The curious world of publishing in contemporary international relations[J]. International Studies Perspectives, 2000, 1(3): 289-303.
[7] Lillis T, Curry M J. Academic writing in a global context: The politics and practices of publishing in English[M]. London: Routledge, 2010.

进行评估[1]，不可避免地，编审们选择文章的标准主要基于核心国家主流的研究兴趣、方法和规范[2][3]。在这一框架下，许多学者采用了适应西方编辑需求的理论和方法，将注意力从本地问题转移到西方定义的问题或西方版本的本地问题上[4]。这即是康纳尔（Raewyn Connell）所说的"方法论预测"，即使用核心的语言、概念和方法论对外围数据进行构架[5][6]。在过去的二三十年间，中国社会科学界的学者多在模仿西方知识生产的策略和标准，渴望在资金、声望和出版方面获得认可与回报[7]。而当中国学者局限于西方规范并运用西方理论来解释中国问题时，很容易损伤到他们做出新的理论贡献的能力，难以在全球对话中发出中国声音[8]。

（四）隐蔽的符号资本：奖项、排名与声望

学术系统已知和未知的特征不是随机的，而是取决于国家和大学在科学世界的系统中所处的位置，取决于一个国家和一所大学拥有的符号资本[9]。符号资本暗藏在国际声望、权威奖项、大学排名等方面。

---

[1] Altbach P G. The academic profession: The realities of developing countries. In P G Altbach (Ed.), Leadership for World-class Universities: Challenges for Developing Countries[M]. London: Routledge, 2011: 205–223.

[2] Altbach P G. The academic profession: The realities of developing countries. In P G Altbach (Ed.), Leadership for World-class Universities: Challenges for Developing Countries[M]. London: Routledge, 2011: 205–223.

[3] Xu X. China "goes out" in a centre-periphery world: Incentivizing international publications in the humanities and social sciences[J]. Higher Education, 2020, 80(1): 157–172.

[4] Chou C P. The SSCI syndrome in Taiwan's academia[J]. Education Policy Analysis Archives, 2014, 22: 1–17.

[5] Connell R. The northern theory of globalization[J]. Sociological Theory, 2007, 25(4): 368–385.

[6] Xu X. China "goes out" in a centre-periphery world: Incentivizing international publications in the humanities and social sciences[J]. Higher Education, 2020, 80(1): 157–172.

[7] Yang R. Internationalisation, indigenisation and educational research in China[J]. Australian Journal of Education, 2005, 49(1): 66–88.

[8] Xu X. China "goes out" in a centre-periphery world: Incentivizing international publications in the humanities and social sciences[J]. Higher Education, 2020, 80(1): 157–172.

[9] Gerhards J, Hans S, Drewski D. Global inequality in the academic system: Effects of national and university symbolic capital on international academic mobility[J]. Higher Education, 2018, 76: 669–685.

享有盛誉的奖项的分配同样是一个极其不平衡的分布①。2000 年至 2016 年期间,诺贝尔基金会向美国出生的研究人员颁发了 72 项诺贝尔奖(不包括文学和和平奖),其中英国与日本各获得 16 项,德国 7 项,法国 5 项②。如果聚焦社会科学领域,截至 2014 年,在 69 位诺贝尔经济学奖得主中,只有阿马蒂亚·森一位是在西半球以外的地方出生的。阿马尔菲社会学和社会科学奖(Amalfi Prize for Sociology and the Social Sciences)、霍尔伯格人类和社会科学奖(Holberg Prize for the Human and Social Sciences of the Norwegian Parliament)一直为欧美独有③。

纵观各种世界一流大学排名,尽管使用的指标存在很大差异,但我们看到的顺序却非常相似:在排行榜的顶部,主要是美国的大学,其次是一些英国的大学,随后是其他西欧国家以及以色列、日本、澳大利亚、俄罗斯和快速崛起的亚洲国家,尤其是中国。欧美国家的大学之所以更容易获得高排名,很大程度上因为排名体系的制定、评价标准和方法更加符合西方学术体系。排名的发布进一步强化了欧美国家大学和研究机构在知识生产和传播领域的权威性,使这些名列前茅的大学及科研机构能够更容易获得研究资金、政策支持,招募到顶尖的国际学者和学生,开展高水平的国际性合作,进而巩固其在全球科学体系中的主导地位。

二、未来的无限可能

日本科学史学者汤浅光朝(Mitsutomo Yuasa)在 1962 年发表了《西方科学活动中心的转移》一文,提出当一个国家的科学成果数量占全世界科学成果总数的

---

① Münch R. Academic capitalism: Universities in the global struggle for excellence[M]. New York & London: Routledge, 2014.
② Gerhards J, Hans S, Drewski D. Global inequality in the academic system: Effects of national and university symbolic capital on international academic mobility[J]. Higher Education, 2018, 76: 669–685.
③ Heilbron J. The social sciences as an emerging global field[J]. Current Sociology, 2014, 62(5): 685–703.

25%时就可称之为世界科学中心。根据这个标准划分,世界科学中心发生了五次转移:意大利(1540—1610)、英国(1660—1730)、法国(1770—1830)、德国(1810—1920)、美国(1920—如今),而且上述各国的科学兴隆期平均维持时间为80年[①]。文化的震荡、社会的变革、经济的快速增长、新学科群的崛起、科学家的集体流动均可能导致科学中心发生转移。目前,中国在既有的全球知识生产结构中尚处于不利位置,但历史规律与当下的发展趋势预示着中国的一流大学建设在不远的未来仍然存在无限可能。

(一) 经费投入增加与海外人才回流

21世纪以来,美国在全球研发支出中的份额从2000年的近40%下降到2017年的28%;相比之下,中国在全球研发支出中的份额从不到5%上升到25%以上。特别是在一些研发难度大的先进技术方面。在未来75年里,中国作为美国在科技领域的主要竞争对手,正在快速崛起[②]。

经费总量提升与结构优化为我国一流大学科研活动参与到全球竞争注入了新的活力。在科研投入上,1990—2017年,中国高等教育科研支出增长了26.4倍,韩国增长了4.3倍,美国和加拿大增长了1.5倍以上[③]。自20世纪90年代,建设世界一流大学成为中国高等教育发展的重要战略目标,不论中央政府还是地方政府对一流大学建设的经费投入都持续扩大。从1995年开始实施的"211工程"和之后的"985工程",累计投入资金1 100亿元人民币[④]。在经费使用结构方面,以"985"建设中央专项经费为例,一期专项经费向公共建设部分倾斜,用于学校整体环境和基础设备设施的提升。二期专项经费中的公共建设经费比例逐步降低,

---

[①] Yuasa M. The shifting center of scientific activity in the west[J]. Japanese Studies in the history of Science, 1962, (1): 57 - 75.
[②] National Academies of Sciences, Engineering, and Medicine. The endless frontier: The next 75 years in science[R]. Washington, DC: The National Academies Press, 2020.
[③] [英]西蒙·马金森,文雯.大学科研的全球扩张[J].教育研究,2019,4(9): 95 - 109.
[④] 储召生.问道"双一流":中国一流大学建设回顾与反思[M].合肥:中国科学技术大学出版社,2017.

学科建设经费比例逐步增加。57%的经费用于科技创新平台和哲学社会科学创新基地建设;15%的经费用于人才队伍建设。三期专项经费更加重视人才和团队的建设,2010—2013年期间,建设经费约41%用于学术领军人物和创新团队建设,约27%用于学科建设。①

在人才回流方面,根据教育部公布的数据,我国海外留学人员回国人数逐年增加。2019年我国留学回国人数达到58.03万人,较上一年度增加6.09万人,增长11.73%。1978—2019年,各类出国留学人员累计达656.06万人,留学回国人员累计达423.17万人,占已完成学业群体的86.28%②,中国正在从高端人才流失国逐渐转为高端人才回流国。

(二) 英语主导地位变化的可能

首先,政治经济因素可以引起英语主导地位的变化。尼库克(Alastair Pennycook)指出全球文化、经济和政治上的不平等使得英语的全球传播向来不是一个自然的、中立的过程③。通用语言通常随着时间而改变。英语的崛起首先是伴随着大英帝国的极盛而来,然后是美国的政治、经济、科学和技术优势以及第二次世界大战的影响的结果④⑤⑥。但是随着世界范围内经济和政治权力的多样化,英语的主导地位受到越来越多质疑,以英语为主导的语言模式很有可能会发生变化。⑦

---

① 杨希.一流大学建设的投入产出效率研究[M]//刘莉,刘念才.世界一流大学建设与中国梦.上海:上海交通大学出版社,2018:179.
② 教育部.2019年度出国留学人员情况统计[EB/OL].[2021-2-12].http://www.moe.gov.cn/jyb_xwfb/gzdt_gzdt/s5987/202012/t20201214_505447.html.
③ Pennycook, A. The cultural politics of English as an international language[M]. London: Routledge, 2017.
④ Ammon U. The dominance of English as a language of science: Effects on other languages and language communities[M]. Berlin: Mouton de Gruyter, 2001.
⑤ Crystal D. English as a global language[M]. Cambridge: Cambridge University Press, 1997.
⑥ Kaplan R B. The hegemony of english in science and technology[J]. Journal of Multilingual and Multicultural Development, 1993, 14(1-2): 151-172.
⑦ Xu X. China "goes out" in a centre-periphery world: Incentivizing international publications in the humanities and social sciences[J]. Higher Education, 2020, 80(1): 157-172.

其次，英语作为全球通用语言的合法性不断受到挑战，尤其是在人类与社会科学研究中，有些鸿篇巨制如果不是用母语编写，那么含义的丰富性、微妙性就会被大大扭曲或丢失[1]。如果将使用英语作为普遍的学术语言规范，会造成非英语研究缺乏可见性，从而导致国际层面的知识流失[2]，以及非英语国家母语在文化市场流通中的贬值[3]，导致使用非英语语言的学者在研究和职业上处于劣势。改变英文主导的出版环境，才能增加以母语作为研究合法语言为全球知识的生产和交流作出贡献的可能性。[4]

不过，英语语言不是不可逾越的障碍，内容和思想才是研究的核心，而不是语言本身。英语不仅属于美国或英国，只是作为一种面向全体的最方便的通用语，只是一种"工具"和"跨文化交际的手段"[5]。处于外围国家的研究者已经开始改变把英美学术界看作主流，把自己边缘化为"他人"的意识形态。此外，中国和其他亚洲科学大国的崛起、中文作为全球语言的潜力，均可能促使学术语言出现多元化[6]。马金森和范德文德（Van der Wende）指出，汉语和英语是仅有的两种十亿人说的语言，如果中国愿意，汉语也很有可能成为在科学研究中具有全球意义的语言[7]。

---

[1] De Swaan A. English in the social sciences. In U Ammon (Ed.) The domination of English as a language of science: effects on other languages and language communities[M]. Berlin: Mouton de Gruyter, 2001: 71-84.
[2] Olsson A, Sheridan V. A case study of Swedish scholars' experiences with and perceptions of the use of English in academic publishing[J]. Written Communication, 2012, 29(1): 33-54.
[3] Marginson S. The public/private divide in higher education: A global revision[J]. Higher Education, 2007, 53: 307-333.
[4] Xu X. China "goes out" in a centre-periphery world: Incentivizing international publications in the humanities and social sciences[J]. Higher Education, 2020, 80(1): 157-172.
[5] Li M, Yang R. Enduring hardships in global knowledge asymmetries: A national scenario of China's English-language academic journals in the humanities and social sciences[J]. Higher Education, 2020, 80(1): 237-254.
[6] Marginson S. Global field and global imagining: Bourdieu and worldwide higher education[J]. British Journal of Sociology of Education, 2008, 29(3): 303-315.
[7] Marginson S, Van der Wende M. Globalisation and higher education[R]. Paris: OECD Publishing. 2007.

（三）转变评价标准与激励导向

核心之外的国家已经意识到,与其被动承认、复制学术界的等级制度,不如主动变革全球科学内部的不平等权力关系,开始寻找替代性话语并采取行动,致力于将研究系统从单一核心-外围模式转变为多核心世界[①]。

以中国为例,在核心与外围国家的权力关系下,一流大学建设在之前相当长一段时间处于追赶状态,采用全球知识核心的标准和规范来评估国内的知识生产。将 SCI 和 SSCI 出版物置于学术评估和奖励的优先位置,不可避免地忽视了本土知识的发展,这在一定程度上是在强化中国科学研究的外围地位[②]。为了避免出现因为盲目追随"世界一流"而长期在全球学术系统中处于被动的局面,中国政府出台了一系列政策降低国际发表在学术评价中的作用,尝试改善全球价值和国家价值之间平衡[③]。2020 年,教育部、科技部印发《关于规范高等学校 SCI 论文相关指标使用,树立正确评价导向的若干意见》的通知中明确指出,"突出创新质量和实际贡献,审慎选用 SCI 论文数量等量化指标";"建立分类的评价指标体系,考察重点是人岗相适","不把 SCI 论文相关指标作为判断的直接依据";"不宜对院系和个人下达 SCI 论文相关指标的数量要求,在资源配置时不得与 SCI 相关指标直接挂钩";"取消直接依据 SCI 论文相关指标对个人和院系的奖励";"不宜将发表 SCI 论文数量和影响因子等指标作为学生毕业和学位授予的限制性条件"等[④]。这一系列改革并非是对学术界多年来探索形成的评价机制的否定,而是旨在改变简单适应全球知识中心的评价偏好,开始重视国际知识与本土知识生产之间、英语出版物与母语出版物之间的平衡,建构既体

[①] Xu X. China "goes out" in a centre-periphery world: Incentivizing international publications in the humanities and social sciences[J]. Higher Education, 2020, 80(1): 157 - 172.
[②] Xu X. China "goes out" in a centre-periphery world: Incentivizing international publications in the humanities and social sciences[J]. Higher Education, 2020, 80(1): 157 - 172.
[③] [英] 西蒙·马金森.生生不息的火焰:全球科学中的中国[J].杨力苈,译.北京大学教育评论,2020,72(4): 6 - 37,189.
[④] 教育部,科技部.关于规范高等学校 SCI 论文相关指标使用,树立正确评价导向的若干意见 [EB/OL].(2020 - 02 - 18)[2020 - 12 - 20]. http://www.moe.gov.cn/srcsite/A16/moe_784/202002/t20200223_423334.html.

现国际水平又兼具中国特色的科研制度与评价系统,从而挑战和重塑全球科学的核心-外围结构。

(四) 重构全球知识生产价值体系与制度安排

崛起中的中国大学深植于儒家文化的自我修养,强调教授在社会与学术领域承担的双重责任,是西方科学、东方文化以及中国式政府主导的现代化的混合产物[①]。中国如果想建成真正的世界一流大学,从根本上转变位于半外围地带的处境,那么,依托科学研究与知识创造,推广中国特有的文化价值体系变得尤为重要。科学研究不仅要从国家情景下的具体问题转向关系全人类命运的世界性问题,而且要从中国问题依靠国际经验提供解决方案转变为国际问题依靠中国经验提供解决方案[②]。

学术人才的国际流动促进了中国创设全球科研关系网络,增加了与世界不同国家、地区的一流大学建立学术对话、传播文化价值的可能性。但要进一步影响世界学术领域的知识创造与生产,还需要积极参与全球学术治理,促进全球科研体系建设,增强国际规则制定能力、议程设置能力、舆论宣传能力。通过重构具有全球影响力的国际学术期刊、国际学会、国际奖项、国际会议等与科学研究紧密相关的制度安排,影响知识在世界范围内的生产、流通和使用。

以国际学术期刊为例,尽管绝大多数国际权威期刊以英文出版并在全球范围内保持了这一语言的威望,但主编人选与编委会成员也开始吸收越来越多的中国学者加入,越来越多的期刊开始对中国问题抱有非常浓厚的兴趣。事实上,已经有越来越多的中国学者正在参与国际期刊的评审和编辑工作,国际出版物中出现

[①] [英]西蒙·马金森.东亚的新知识帝国[J].赵琳,初静,叶赋桂,译.清华大学教育研究,2014,35(5):1-12.
[②] 王明明.国际责任与话语权:一流大学国际化建设的使命与方向[J].现代教育管理,2018,344(11):65-70.

了更多元的"守门人"①。类似的情况也出现在国际学会组织的成员构成与各种国际学术研究奖项的获得者和评审者中。所有这些都有望逐步改变与全球知识生产相关的制度安排②③。

---

① Altbach P G. Peripheries and centers: Research universities in developing countries[J]. Asia Pacific Education Review, 2009, 10(1): 15 - 27.
② Altbach P G. Peripheries and centers: Research universities in developing countries[J]. Asia Pacific Education Review, 2009, 10(1): 15 - 27.
③ Belcher D D. Seeking acceptance in an English-only research world[J]. Journal of Second Language Writing, 2007, 16(1): 1 - 22.

◆ 结　语

20世纪90年代,互联网的兴起使全球科学体系的诞生和迅速发展成为可能,而在此之前,科学主要在国家科学体系中组织生产。尽管知识能够在国家之间自由流动,但存在滞后,国际合作也很少①。不过,即便如此,全球科学体系并不是由技术本身驱动,而是由人类驱动的。它的存在对传播和验证科学发现、促进世界各地研究人员之间的合作、推动人类社会发展与科学进步具有巨大而深远的影响。

与许多其他社会领域一样,全球科学体系并不是一个公平的竞争环境,也存在核心-外围层次结构②。处于这一系统核心位置的国家及其大学以决定性的方式影响着世界;而那些处于外围的国家对全球知识生产的意义往往微不足道。在过去和现在所谓的全球化过程中,人们在科学领域的流动接近于现实生活中想象的中心和边缘,大量优秀的学术人才流入美国、英国和瑞士等强大的科学系统③④;而知识流动的方向恰恰相反,主要从核心国家向周边流动输出⑤,进一步巩固了体系中原本存在的资源及象征意义上的分配不均,加剧着不对等的权力关系。

所以,全球科学体系是一个层级性与能动性并存的双重结构体系,始终存在着两股力量的博弈:一方面,全球科学体系中的核心-外围结构将在相当长的一段时期内对中国学者的知识生产持续产生影响;另一方面,科学体系的自组织特性、

---

① Marginson S. What drives global science? The four competing narratives[J]. Studies in Higher Education, 2022, 47(8): 1566-1584.
② Marginson S. Dynamics of national and global competition in higher education[J]. Higher Education, 2006, 52(1): 1-39.
③ Cantwell B. Concepts for understanding the geopolitics of graduate student and postdoc mobility. In J Lee (Ed.) U.S. Power in International Higher Education[M]. Ithaca, NY: Rutgers University Press, 2021: 94-110.
④ Marginson S, Xu X. Moving beyond centre-periphery science: Towards an ecology of knowledge[R]. Oxford: Centre for Global Higher Education, 2021.
⑤ Li M, Yang R. Enduring hardships in global knowledge asymmetries: A national scenario of China's English-language academic journals in the humanities and social sciences[J]. Higher Education, 2020, 80(1): 237-254.

知识与生俱来的公共物品属性以及学者本身的自觉能动性，又会使核心位置国家与地区对边缘、半边缘国家与地区的影响呈现出一种逐渐减弱的趋势。

本书从多维度、多因素深入剖析了全球范围内的学术人才国际流动与知识生产的关系，进而探讨我国一流大学在全球科学体系中的位置变化的可能。研究发现，不同学科、不同类型、不同地域的国际流动对知识生产的影响呈现出不同特点。不同世代学者的国际流动对知识生产的影响也不同，随着时间推移，留学对国际论文发表的影响呈现出减弱态势，尤其流动到北美地区对国际论文发表的影响逐渐变小，我国呈现出从全球学术体系的边缘向中心靠近的趋势。这意味着层级结构对我国学者知识生产的影响呈现减弱态势，全球科学体系中的能动属性愈加显现。

为什么在全球范围内出现了这种宏观层面上的系统能动性？马金森认为最重要的是由于时空的全球变化带来了跨境流动的增长、延伸、互惠、不确定性和偶然性，所有这些都放松了权力关系[1]。另一方面，在全球科学领域中，除了存在等级结构所强调的普遍化竞争，更强调主体间的合作关系。新兴国家高等教育的发展，特别是研究能力的发展，可以转变全球科学体系的不对称性和单向性[2]。随着东亚地区在全球科学网络中崛起以及科学技术的蓬勃发展，不少学者已经发现"全球知识流动的巨大转移"[3]，"新加坡、韩国，尤其是中国的例子表明，从外围国家向半外围国家，甚至是向核心国家的转移是可能的"[4]。

聚焦中国，作为正在向全球科学体系核心靠近的半外围国家，学术人才的国际流动为促进中国融入全球科学体系、重构科研关系网络提供了契机；与此同时，利用核心国家的学术资源来培养高层次人才对实践国家创新驱动发展战略具有

---

[1] Marginson S. Global field and global imagining: Bourdieu and worldwide higher education[J]. British Journal of Sociology of Education, 2008, 29(3): 303-315.
[2] Marginson S. Dynamics of national and global competition in higher education[J]. Higher Education, 2006, 52(1): 1-39.
[3] Olechnicka A, Adam P, Celinska-Janowicz D. The Geography of Scientific Collaboration[M]. Oxford: Routledge, 2019: 105.
[4] Olechnicka A, Adam P, Celinska-Janowicz D. The Geography of Scientific Collaboration[M]. Oxford: Routledge, 2019: 105.

重要意义。① 但是,人才的国际流动也是一把双刃剑,在获得跨国人力资本与学术网络资源的同时,也存在一种巨大的风险。一味遵循核心国家的学术传统与研究范式来规范我国科学研究的开展,广泛使用英语并融入国际学术规范的过程,实际上也是在不断强化欧美在全球学术系统中的优势地位。这将使中国大学从国际学术界边缘或半边缘位置走向中心,成为真正的世界一流,变得愈加困难。所以,我国要进一步影响世界科学领域的知识生产与创造,还需要与世界不同国家、地区的科学研究机构、组织、个体开展更加深入的学术对话与更加广泛的文化价值传播。一方面,通过在具有全球影响力的国际顶尖学术刊物、知名奖项、权威学会、国际会议中扮演重要角色,重构与全球科学体系相关的制度安排,打破主导知识生产与流通的西方话语。另一方面,通过提高中国在世界科学领域中的规则制定、议程设置、舆论宣传等能力,积极参与全球学术治理,推动建设一个更具开放性、多元性、自主性、包容性的全球科学体系。

---

① 李澄锋,陈洪捷,沈文钦.中外联合培养经历对博士生科研能力增值及论文产出的影响——基于"全国博士毕业生离校调查"数据的分析[J].高等教育研究,2020,41(1):58-67.

◆ 后 记

2015年秋,刚从香港中文大学毕业返回上海的我还没办理完入职手续,便开启了各类项目申报书的撰写,围绕大学教师国际流动的不同方面匆匆写了两三个本子。当时的想法很简单,一方面,因为博士阶段对教育全球化与国际化的探讨主要聚焦跨国高等教育中的学生选择,希望工作后能在这一领域有所拓展。另一方面,从个人求学和对学术职业的观察,切实感受到几代学人——不论通过留学、访学,还是海外博后、联合培养等国际学术流动——或多或少获得了全球化时代所带来的流动红利,希望依循学术脉络对此进行深入剖析。

2016年夏,正在参加上海交通大学新进教师培训的我收到了全规办国家青年课题资助的通知。然而,不曾想到,从2016年项目启动到2021年结题,再到2023年出版社定稿,七八年间全球形势瞬息万变,国际流动的潮头随着国内外大环境的变化起伏不定,这本书的写作也随之几经周折。从流动加速,盛世空前,到国际关系尤其是中美关系转向,签证收紧,流动受阻;从全球疫情爆发,国际流动按下暂停键,再到管控放开近一年来,似乎流动的停摆从未发生过,又似乎往日的一切都已被改变。世界的飞速转变不断重塑我对全球流动、全球科学体系,乃至全球人类命运共同体的认知,也不断敦促我对学者、大学乃至民族国家,未来如何在这一系统中谋求发展的制度规则与生存逻辑进行深刻反思。

无论如何,历史见证了跨越国界、跨越文化的互惠如何促进人类文明的发展,而国际学术流动在世界文明对话过程中扮演着至关重要的角色。发达的信息技术、便捷的交通运输加速了人才与知识的世界性流动,这种加速带来了知识流动的盛宴,与此同时,也存在一种巨大的风险。对知识生产范式、科学技术前沿的单向模仿与依赖,有可能使中国以及那些与中国处境相似的国家从全球科学体系的外围走向核心变得愈加困难。所幸,世界不是一成不变的,全球科学体系也如同这世界一样,处在一个从未完成的、持续发展的过程。近年来,国际流动也好,国际发表也罢,在国人心中逐渐祛魅,我们对之不再盲从也不摒弃,更愿保持一种必要的清醒与文化自觉。本书试图遵循这一逻辑，探讨国际学术流动如何影响我国学者的全球知识生产，同时管窥这种影响在历史的长河中何时泛起又何时褪去，尝试在不断颠覆与重建既有认知的过程中找寻到国际学术流动的另一种价值与意义。

  本书的研究和写作得益于诸位师长和学生的无私支持和帮助，在此致以真挚的感谢。非常幸运，硕士受教于荀渊教授、博士受教于何瑞珠教授，毕业后仍有机会与老师就研究中不成熟的想法交流探讨，老师也总是一如既往地指点迷津、谆谆教诲。由衷感谢上海交通大学教育学院刘念才教授，感谢他长期以来对青年学者的包容与栽培，鼓励我在自己热爱的领域持续深耕与不懈积累。在此，还要特别感谢每一位被访谈者，感谢他们的信任与真诚，毫无保留地把他们的故事和思考与我们分享。感谢我们的团队——杨建华、高磊、黄宗坤、黄优等，感谢他们在收集数据、开展访谈、校对书稿过程中的辛勤付出。感谢华东师范大学出版社的编辑孙娟，专业精细的打磨让书稿得以如期顺利出版。此书的写作过程还伴随着儿子的出生与成长，正是因为他的到来，让我对未来世界的开放多元与畅通无阻又充满向往与美好想象。也是因为他的到来，让本书的撰写更加仓促匆忙，加之自身学力有限，书稿存在诸多疏漏和局限，敬请学界同仁批评指正。

2023 年 12 月
于上海